LA ROUE À LIVRES

Collection dirigée

par

Michel Casevitz

Professeur émérite de grec
à l'université de Paris X

François Hartog

Directeur d'études à l'École
des Hautes Études en Sciences sociales

John Scheid

Professeur
au Collège de France

ALCIPHRON

LETTRES
DE PÊCHEURS, DE PAYSANS,
DE PARASITES ET D'HÉTAÏRES

ALCIPHRON

LETTRES
DE PÊCHEURS, DE PAYSANS,
DE PARASITES ET D'HÉTAÏRES

Introduction, traduction et notes

par

ANNE-MARIE OZANAM

2e tirage

PARIS

LES BELLES LETTRES

2004

95, bd Raspail, 75006 Paris.
www.lesbelleslettres.com

Première édition 1999

ISBN : 2-251-33931-6
ISSN : 1150-4129

Pour Pierre Vidal-Naquet, qui m'a engagée à entreprendre
ce travail et qui lui a permis de voir le jour,
avec gratitude.

Introduction

Des paysans, des pêcheurs, des parasites, des hétaïres... Les personnages auxquels Alciphron donne la parole, dans ses cent vingt-deux lettres, appartiennent à des catégories sociales dont la littérature antique nous permet rarement d'entendre la voix. Et ces narrateurs surprenants nous montrent la Grèce sous un jour inhabituel. Ils nous font découvrir des réalités que dédaignent les auteurs classiques : la pêche à la senne, les boutiques des barbiers, les étuves où les sans-abri se réchauffent quand il fait froid, les objets qu'ils peuvent voler et revendre avec profit... Même les activités que nous connaissons mieux sont vues sous un angle inattendu. C'est le cas du banquet, cette institution si importante dans le monde grec [1]. Au lieu de la rencontre philosophique à laquelle la littérature nous a habitués, voici une réunion de filles qui comparent leurs fesses ; ailleurs, malgré la présence de philosophes, on est loin du *Banquet* de Platon et même de la joyeuse soirée que dépeint Xénophon, ou plutôt tout se passe comme si un des personnages secondaires de Xénophon, le bouffon

Philippe par exemple, devenait soudain le narrateur. Misérable narrateur, qui ne s'intéresse pas à la conversation mais attend avec impatience qu'elle cesse pour qu'on pense enfin au service ; narrateur humilié, à qui l'on sert les bas morceaux, qu'on menace d'inonder d'eau bouillante et dont on déchire les joues avec des tessons de poterie.

Ce renversement de perspective donne au lecteur l'impression qu'il tient enfin ce que les textes antiques ne livrent presque jamais : le regard des petits, des pauvres, des mal-aimés de la littérature. L'abbé J. Richard, qui a traduit Alciphron en français au XVIIIe siècle, loue son auteur de « faire connaître les sentiments et la conduite ordinaire du gros de la nation... Combien on a parlé des Thémistocle, des Périclès, des Cimon, des Démosthène et de tant d'autres hommes illustres ! Et toujours on les a considérés relativement aux grands événements auxquels ils ont eu part : très rarement on a fait quelque mention de leur conduite domestique... Jamais on n'a rien dit de la manière de vivre des personnes d'une condition inférieure[2] ».

Jeux de lettrés

Le lecteur est donc tenté de voir dans ce recueil un document sur les misérables de l'Attique[3]. Mais, très vite, il est frappé par le caractère éminemment littéraire de l'écriture. Ces pauvres et ces gueux s'expriment dans une langue élégante, distinguée, nourrie de citations littéraires ou d'allusions mythologiques. Un pêcheur met en garde son ami contre une jeune fille qu'il compare à

Scylla ; l'autre réplique en déclarant qu'il a l'impression de tenir entre ses bras la plus belle des Néréides ; un parasite clôt le portrait d'un commerçant par une citation de Théocrite.

On pourrait multiplier les exemples. Les personnages ont beau décrire les réalités les plus triviales, la gale qui attaque les toisons ou les oiseaux qu'ils capturent avec de la glu, ils le font en termes recherchés et fleuris, qui évoquent davantage les accents des bergers de Théocrite, de Virgile, de Longus, de *l'Astrée* ou du *Devin du Village* que la voix de réels paysans. Et il ne s'agit pas seulement du style. Le cadre aussi, nous avons l'impression de le connaître depuis toujours. Ce sol de l'Attique, maigre et sec, cette ville d'Athènes à jamais démocratique, ces portiques hantés par des philosophes au teint blême, à la barbe hirsute et au bavardage interminable nous sont familiers jusqu'à l'agacement. De sorte qu'à la surprise initiale succède bientôt l'impression inverse, celle du déjà-vu.

Le recueil d'Alciphron est en effet nourri d'innombrables réminiscences. Dans chacune de ses lettres ou presque, on peut retrouver ou deviner un emprunt : ici une expression, ailleurs un personnage, ailleurs encore une anecdote ou un thème. On a pu dire que cette œuvre était un « produit littéraire au second degré[4] », tant elle pratique le « réemploi » des différents modèles légués par la tradition.

Voici donc le lecteur moderne bien déçu, prêt peut-être à fermer le livre auquel il ne trouve plus d'originalité, donc plus de vérité ni de qualité artistique. Et pourtant, paradoxalement, autant que le retournement de perspective qui nous séduit d'abord, c'est aussi son caractère délibérément artificiel qui fait l'intérêt du recueil d'Alciphron.

Intérêt documentaire, en premier lieu. Un grand nombre des ouvrages qu'il imite ont été perdus ; ses lettres nous permettent d'en retrouver au moins la trace et parfois même de tenter de les reconstituer. D'autre part, elles constituent un témoignage précieux sur les modèles qu'on admirait et qui étaient proposés à l'imitation. Elles nous renseignent en particulier sur le goût antiquisant alors à la mode. Les personnages d'Alciphron évoluent dans une Grèce disparue depuis près d'un demi-millénaire, déjà très lointaine pour lui et fortement idéalisée. Et l'image qu'il en reçoit de la tradition, il l'élabore et la transmet à son tour. Elle est parvenue jusqu'à nous, avec son cortège de clichés et d'idées reçues ; elle a nourri longtemps notre enseignement et nos rêveries, le roman du XVIIe siècle, ses bergers et ses nymphes, la peinture antiquisante et même, à notre époque, le film de péplum.

Du reste, si Alciphron se livre à des variations sur des thèmes déjà longuement exploités, on ne peut en conclure qu'il ne fait pas œuvre d'art. Notre exigence d'originalité est profondément étrangère à la pensée gréco-latine, comme d'ailleurs à la plupart des cultures. « Les auteurs anciens n'ont guère eu le désir d'être eux-mêmes avant toute chose, de cultiver leur singularité avec l'amour qu'y mettent les modernes[5] ». Dans le monde antique, « il n'est pas question d'originalité et il n'existe pas de mot grec qui rende ce concept[6] ». Dès le commencement, c'est l'imitation, la *mimèsis*, qui suscite toutes les œuvres littéraires, lesquelles se répondent les unes aux autres et s'élaborent dans un rapport intertextuel[7].

Ce statut est particulièrement vrai à l'époque d'Alciphron. La rhétorique a perdu presque toute possibilité d'agir sur le réel ; elle est devenue éloquence d'apparat, jeu purement formel avec les idées et les mots. Les orateurs ne cherchent plus à convaincre le peuple, mais font parler des tyrans imaginaires ou mettent des discours fictifs dans la bouche des héros d'autrefois. C'est le temps des *Suasoires* et des *Controverses* aux sujets invraisemblables, des discours « marathoniens[8] » ; c'est aussi celui du roman. La littérature a désormais un domaine autonome, nettement séparé de l'action ; elle se construit comme une création délibérément artificielle et livresque.

Le texte d'Alciphron reflète cette évolution. Il n'imite pas la vie, mais des œuvres littéraires, qui elles-mêmes en imitent d'autres et dialoguent entre elles. Il s'agit donc, au plus haut point, d'un jeu de lettré et, s'il ressemble à un « faux[9] » – fausses attributions de lettres, fausse patine antique, faux réalisme, abondance des emprunts –, c'est un faux qui n'entend pas tromper, mais se dénonce immédiatement comme tel. Une fiction, un artifice, un art.

Une biographie impossible

De l'auteur de ces lettres, il est, d'une certaine manière, fort significatif que nous ne connaissions que le nom, accompagné du commentaire « rhéteur » ou « atticiste ». Nous ignorons tout de sa vie, de sa carrière, et même de son pays. Les critiques en sont donc réduits à interroger l'œuvre à la recherche de quelques indices. Mais elle aussi semble se dérober. Certes il est parfois question de dattes et de pistaches, un des pêcheurs ramène dans son filet le cadavre d'un chameau, mais ces quelques notations sont bien rapides et il semble aventureux d'en déduire qu'Alciphron a une origine orientale [10], voire syrienne [11], comme on l'a parfois pensé.

Quant aux tentatives de datation, elles se fondent sur des comparaisons avec d'autres œuvres littéraires. On a pu établir des parallèles précis, sur plus d'une page parfois, entre certaines lettres et des textes de Lucien [12]. Ces ressemblances ne peuvent être dues au hasard. Mais la question de savoir si Lucien a imité Alciphron, si c'est l'inverse, ou si tous deux ont puisé à une source commune est loin d'être tranchée [13] ; on ne peut donc en tirer de conclusions chronologiques vraiment solides. Tout aussi décevant est le rapprochement avec les *Lettres de paysans* d'Élien ; il s'agit vraisemblablement d'imitations d'Alciphron, mais il n'est pas facile de les dater, et l'on n'est pas tout à fait sûr qu'elles soient de l'auteur de la *Vie des animaux* [14]. Certains passages d'Alciphron sont très proches de Longus [15], mais quel est, des deux écrivains, celui qui a imité l'autre ? et quelles sont d'ailleurs les dates de Longus ? Quant au style et à la langue, ils n'offrent guère de prise non plus. L'opinion la plus générale est qu'Alciphron « semble, en gros, avoir écrit vers la fin du IIe siècle [16] ».

Un auteur dont la personne échappe. Cette absence tient à la nature même d'une œuvre qui ne fait jamais la moindre référence aux réalités de son temps. Elle est

« étanche » et comme « abritée de l'époque où elle fut créée[17] ». C'est un texte en soi, qui se suffit à lui-même, une pure fiction, élaborée dans un système de création rhétorique qui est « un éloignement délibéré des choses, un dogme de l'à-rebours[18] ».

Des lettres fictives

Le recueil comprend cent vingt-deux lettres, à première vue très disparates, pour lesquelles, depuis l'édition de M. A. Schepers[19], on a adopté un classement en quatre livres, fondé sur la catégorie sociale des différents correspondants : le livre des pêcheurs, celui des paysans, celui des parasites et celui des hétaïres. Cette répartition a suscité parfois quelques réserves[20], mais ces quatre grandes unités semblent bien rejoindre les intentions de l'auteur. Il met l'accent sur la condition sociale de ses personnages plus que sur leur individualité, et il veille à leur prêter des pensées et des expressions systématiquement en rapport avec leurs activités. Les pêcheurs parlent de filets et de tempêtes, les paysans de récoltes, les parasites de ripailles. Ce souci se vérifie jusque dans les plus petits détails, notamment dans le choix des images : quand il est question de perte d'argent, le pêcheur dit qu'il « fait naufrage » et le paysan qu'il est « écorcé jusqu'à la racine » ; pour dépeindre leur amour, les pêcheurs filent obstinément les métaphores marines.

La longueur et le sujet de ces lettres sont très variables. Ce sont le plus souvent de brefs billets qui développent un thème et un seul. Il peut s'agir du portrait d'un personnage : le soldat fanfaron, l'esclave paresseux, la belle canéphore, le prêteur à gages, le misanthrope. Ailleurs, on trouve des réflexions morales : éloge de la vie rustique, critique des sophistes, méditation sur l'instabilité de la Fortune. Enfin – c'est le cas le plus fréquent –, les lettres peuvent raconter des anecdotes dont les sujets sont très divers : une partie de campagne, les aventures d'un voleur poursuivi par des chiens, les ébahissements d'un paysan à la ville, la bagarre entre une hétaïre et un parasite... La plupart de ces textes ne dépassent guère un ou deux paragraphes, mais le dernier livre, celui des hétaïres, contient des développements beaucoup plus étoffés.

Ces lettres se donnent comme fictives [21]. Dans les trois premiers livres, elles sont attribuées à des personnages dont le caractère imaginaire est souligné par les noms même dont l'auteur les affuble. Noms en rapport avec leur milieu ou leur activité. Les paysans s'appellent Eustaphylos (Bonnegrappe), Aigôn (Chevrier), les marins Eucolymbos (Bonplongeon), Aigaleus (Durivage), Eusagènos (Bonnesenne) ou Prymnaios (La Poupe), leurs femmes ont des noms de Néréides ou de fleurs. Noms de caractères, aussi : Philomètôr (Aime-sa-mère) pour le bon fils, Salacônis (Pimbêche) pour la servante prétentieuse et même, par antiphrase, Anikètos (Invincible) pour le séducteur malheureux. Les trouvailles les plus cocasses se trouvent dans le troisième livre où, sur le modèle de la comédie, les parasites sont affligés de sobriquets évocateurs, mots-valises avant la lettre, aux sonorités truculentes, qui semblent sortis de la *Batrachomyomachie* : Pèxankônos (Plante-coude),

Leichopinax (Lèche-plats), Hétoimaristos (Déjeuner prêt)[22].

Le statut des personnages du quatrième livre est différent. Si certaines hétaïres semblent imaginaires et ne sont que des types (Philouménè, Pétalè), beaucoup appartiennent à l'histoire. Lamia, l'amante de Démétrios Poliorcète et Phrynè, celle de Praxitèle et d'Hypéride, nous sont connues par Plutarque et Pline l'Ancien, Léontion, celle d'Épicure, par Diogène Laërce[23]. Quant aux événements relatés, le procès au cours duquel Hypéride dévoila devant les juges les seins de Phrynè, le festin offert par Lamia à Démétrios et l'invitation de Ptolémée à Ménandre, ce sont des épisodes célèbres, dont historiens ou moralistes ont conservé le souvenir[24]. Le travail de l'auteur n'est pas ici d'inventer des histoires, mais de les reprendre et d'en faire à son tour une création en les abordant d'une manière nouvelle, grâce au changement de perspective que permet la lettre.

L'idée de forger ainsi des lettres de grands hommes a sans doute une origine scolaire. Jusqu'à une époque récente, les élèves des lycées étaient invités à imaginer une lettre de Boileau à Molière ou une correspondance entre Célimène et Alceste. Dans l'Antiquité, si la pratique de la lettre fictive n'est pas répertoriée en tant que telle dans la liste des entraînements de base, les *progymnasmata*[25], auxquels devaient se soumettre les élèves, un des travaux les plus rudimentaires, la narration, adopte parfois la forme épistolaire : les papyrus nous ont gardé une lettre supposée d'Alexandre aux Carthaginois et une autre d'Hadrien à Antonin[26]. D'autres exercices proposaient à l'élève de donner la parole à des hommes célèbres : la chrie (anecdote morale attribuée à une grande figure), l'éthopée (qui fait parler des personnages en leur prêtant un langage conforme à leur rang, à leur âge, à leur caractère), la prosopopée (qui fait parler des figures allégoriques) et l'idolopée (un cas particulier d'éthopée, qui fait parler les morts célèbres ou leur fait rédiger des lettres apocryphes)[27].

En littérature, la lettre fictive apparaît d'abord sous une forme poétique qui remonte peut-être à l'élégie hellénistique et dont Properce, et surtout Ovide, nous ont transmis des exemples[28]. Le poète n'invente pas l'histoire, mais il lui apporte des variantes, ajoute des détails et surtout, il joue sur la subjectivité du point de vue. La forme épistolaire n'est qu'un prétexte qui lui permet l'emploi de la première personne. Ce prétexte, il se soucie peu de le rendre vraisemblable : Ariane et Pénélope, par exemple, n'ont aucun moyen de faire parvenir leurs lettres à Thésée ou à Ulysse. Ces missives n'impliquent que rarement un échange ; ce sont le plus souvent des confidences solitaires : sur les vingt et une pièces des *Héroïdes*, il n'y a que trois groupes qui soient composés d'une lettre et de sa réponse.

Les premières lettres fictives en prose qui nous soient parvenues datent du premier siècle de notre ère, avec les *Lettres* de Chion d'Héraclée, qui constituent une sorte de roman philosophique[29]. Au siècle suivant, Lucien donne à plusieurs de ses ouvrages la forme épistolaire. Le genre devient alors à la mode. Si les théoriciens antiques sont parfois embarrassés pour le classer, ils soulignent que, comme l'éthopée, la lettre fictive doit avant tout tenir compte du caractère (l'*èthos*) de son auteur supposé et du destinataire[30].

Qu'en est-il pour Alciphron ? Dans la mesure où il imagine un échange de lettres entre des parasites ou des pêcheurs illettrés, sans jamais autoriser aucun d'eux à lâcher un de ces barbarismes qu'Aristophane permet à son Scythe, il est condamné à écrire un texte impossible, invraisemblable, même si un de ses personnages semble répondre d'avance à cette critique, en affirmant que tous les Athéniens sont de fins lettrés. À l'intérieur de cette fiction, l'auteur tente cependant d'introduire une certaine vraisemblance. Ainsi ses paysans sont-ils naïfs, balourds ; ils ne comprennent pas toujours bien la situation qu'ils décrivent ; si un pêcheur vient à citer un vers d'Aratos, Alciphron corrige ce que ce trait d'érudition aurait de peu plausible en lui faisant préciser qu'il n'a pas tout retenu et qu'il n'est pas vraiment sûr du nom. De même, les compétences littéraires de Glycéra pouvant surprendre, il prend soin de lui faire dire que c'est l'amour qui la rend si instruite. S'il y a peu de différence de ton entre ces lettres, toutes écrites dans la même langue élégante et châtiée, chacune d'elles est un morceau cohérent, où se révèle un personnage, avec son tempérament et ses préoccupations[31].

Quant à la fiction épistolaire, Alciphron l'exploite de manière inégale. Le plus souvent, les lettres n'ont pas de lien entre elles et constituent des unités autonomes. En général, leur auteur supposé n'apparaît qu'une fois dans l'œuvre, le temps de faire son récit ; après quoi, il disparaît définitivement. C'est le cas de toutes les lettres de parasites, qui sont de courtes saynètes et n'appellent aucune réponse. Ici, comme dans les *Héroïdes*, la lettre n'est que le prétexte pour employer la première personne. Elle contient de temps en temps quelques rares formules qui la rattachent au genre épistolaire, mais le correspondant n'a aucune existence, aucune importance ; jamais dans le recueil, il ne sera autre chose qu'un nom.

Les deux premiers livres offrent quelques exemples de lettres assorties d'une réponse. On trouve un unique ensemble de trois lettres jointes, mais ce sont les plus brèves du recueil. Plus fréquents sont les groupes par deux, où une lettre et sa réponse s'affrontent, de manière rhétorique, comme la thèse et l'antithèse : une fille confie son amour à sa mère et celle-ci la réprimande ; un ami blâme un amoureux, lequel affirme qu'il ne renoncera pas à aimer. Parfois, le jeu entre la lettre et sa réponse est plus subtil, juxtaposant deux lectures d'un même événement, et c'est au lecteur de choisir son interprétation. Un amant généreux se plaint d'une fille qui l'a dépouillé ; la réponse suggère qu'il est vieux et vicieux. Ailleurs, un maître reproche à une servante de faire la fière et la réponse montre une fille désespérée, prête au suicide.

Encore une fois, c'est le quatrième livre qui offre le travail le plus approfondi. Bien plus que les précédents, il se rapproche de ce que nous appelons le roman par lettres[32]. On y trouve trois histoires suivies : les amours de Phrynè avec Praxitèle et Hypéride, le « roman » de Ménandre et de Glycéra, et celui de Bacchis, l'hétaïre au grand cœur. On note aussi la présence d'un certain nombre de personnages qu'on pourrait appeler « reparaissants », pour reprendre les termes de la critique balzacienne : Pétalè l'insolente, Thryallis la callipyge, Mégara la débauchée... S'il n'y a pas de véritable intrigue, avec une progression, des péripéties, un dénouement, ces personnages sont unis par des liens d'amitié ou d'hostilité qui se prolongent et se confirment d'une lettre à l'autre. Bacchis est l'amie de Glycéra et de Phrynè ; Euxippè et Mégara sont amies et se liguent pour humilier Thaïs ; Thessalè, amie de Thaïs, séduit Diphilos, l'amant de Myrrhinè ; cette dernière, également délaissée par Hypéride qui lui préfère Phrynè, se console avec Euthias, lui-même repoussé par Phrynè... On voit à quel point la construction est complexe et cohérente, ce qui implique nécessairement un projet d'ensemble.

Cependant, même dans le quatrième livre, le principe de composition reste celui qui préside à l'ensemble du recueil : la juxtaposition. La variété des thèmes abordés, le grand nombre de correspondants, le nombre encore plus grand de personnages, produisent une impression de morcellement. Celle-ci tient au choix de la forme épistolaire qui déjà par elle-même impose la brièveté et qui, chez Alciphron, se rapproche souvent du « croquis ou du sketch sous forme de lettre[33] ». Il fixe un trait, une notation, puis s'interrompt, en ayant seulement effleuré les possibilités qui s'offraient à lui. La comparaison avec Lucien est très éclairante : là où Alciphron consacre quelques lignes à un rêve de grandeurs interrompu par le chant du coq, Lucien qui traite le même sujet dans le *Coq* « ne le quitte qu'après qu'il l'a en quelque sorte épuisé, en le tournant de tous les côtés sous lesquels il peut être vu[34] ». La même observation a été faite pour la lettre qui met en scène Timon auquel Lucien consacre tout un dialogue : les deux auteurs puisent à une tradition ancienne, qui remonte à l'époque d'Aristophane [35] mais, alors que Lucien développe abondamment sa composition, Alciphron se contente d'évoquer le personnage en quelques traits. On est donc bien en présence d'un choix délibéré d'écriture : celui d'une forme courte, souvent allusive, qui suggère plus qu'elle ne décrit et préfère effleurer le sujet, laissant au lecteur cultivé le soin de poursuivre. En se contentant d'ébauches et de petites touches, Alciphron se démarque nettement des rhéteurs de son temps qui sont exhaustifs et copieux ; il fait œuvre d'artiste.

Du reste, en dépit de l'éparpillement apparent de sa composition, le recueil a une profonde unité. Chacun de ces épisodes si brefs parle du même monde – un monde homogène, cohérent, dont l'auteur entend rendre compte. Simplement, au lieu de le peindre de manière suivie, sous la forme d'un vaste tableau, il procède par petits ensembles : morceaux d'un puzzle, fragments d'une mosaïque, ou petites taches, touches successives, « selon une technique qui se rapprocherait du pointillisme [36] ».

Images de l'Attique

Le monde d'Alciphron, c'est l'Attique et Athènes. Certes, le deuxième livre s'attache à la vie rustique de manière générale, sans qu'on sache toujours où et quand se passe l'action ; cependant, même là, il est bien rare de ne pas rencontrer le nom d'un dème athénien ou quelque allusion au paysage de l'Attique. Les lettres des pêcheurs, plus précises, mentionnent souvent Égine, le cap Capharée, le cap Sounion ou le Pirée. C'est à Athènes que se déroulent presque toutes les aventures des parasites et des hétaïres ; paysans et pêcheurs s'y rendent parfois, pour vendre leur marchandise ou découvrir les séductions dangereuses de la grande ville.

Alciphron semble, plus que d'autres, attentif aux détails réalistes et à la peine des hommes. Il fait preuve d'une sensibilité authentique à la saveur des choses, au goût d'une soupe de poissons, aux premiers rayons du soleil sur la mer, au souffle de la brise dans un pin, à la luxuriance des jardins. Cependant, le décor est d'une « scrupuleuse orthodoxie [37] ». L'Attique se caractérise par son miel, ses oliviers, ses lauriers, ses platanes et ses myrtes, ses rossignols, autant de motifs hérités d'une longue tradition. Le Pirée s'oppose à Athènes de manière très conventionnelle : c'est la ville basse, populaire, où l'on fait des affaires douteuses, où l'on travaille dur.

Athènes, l'*asty*, ou la *polis*, selon qu'on s'intéresse au paysage urbain ou à l'organisation sociale [38], occupe le centre du tableau. Paysans et pêcheurs déplorent ses dangers, son immoralité, les tentations qui y guettent les maris, les épouses, les garçons et les filles à marier, mais ils en vantent les attraits mystérieux et conseillent à leurs mères d'aller la contempler avant de mourir. Tous les lieux célèbres sont mentionnés : le Lycée, l'Académie, l'Agora, la « belle Acropole », le Dipylon, la fontaine de l'Ennéacrounos – autant de sites qui sont « la parure rhétorique d'Athènes [39] ». Seule originalité dans ce tableau convenu, l'insistance (parasites et hétaïres obligent) sur les quartiers les plus mal famés (le Céramique, Skiron).

Athènes est la cité de l'intelligence et de la culture raffinée, auxquelles participent même les pauvres gens, la cité qui, à elle seule, soutient la comparaison avec toutes les merveilles de l'Égypte : plusieurs développements enthousiastes sont consacrés à sa gloire. Par contraste, Corinthe est une ville austère où l'on meurt de faim et où nul ne respecte les lois de l'hospitalité ; quant à Sparte, elle n'est peuplée que de sauvages. Dès qu'on s'éloigne de ce centre qu'est l'Attique, le monde cesse d'être sûr. Et rien n'est plus dangereux que de quitter le sol grec : les pirates de Côrycos et d'Attaleia sillonnent les mers ; les rivages sont hostiles et on ne peut qu'y faire naufrage ; les cours des satrapes sont pleines d'embûches et le Nil infesté d'animaux féroces. Bref, tout ce qui n'est pas d'Athènes est par définition inculte et barbare.

Une telle perspective n'a rien de surprenant à une époque où la plupart des intellectuels sont des « passionnés de l'histoire grecque et tout particulièrement de l'histoire athénienne[40] ». Un siècle plus tôt déjà, Philon voyait en Athènes le centre de la Grèce, comparable à « ce que la pupille est à l'œil et à l'âme la raison[41] ». Au deuxième siècle, Athènes, à l'initiative des empereurs romains (Hadrien, Antonin, Marc-Aurèle), s'est parée de monuments nouveaux et a retrouvé un grand lustre. L'admiration d'Alciphron rejoint celle qu'éprouvent de nombreux auteurs de son temps[42].

Cependant, les rhéteurs sont en général de grands voyageurs. L'œuvre de Lucien embrasse un espace très vaste ; il promène son auditeur de la Gaule à Babylone, il lui fait même franchir les limites de l'univers connu pour l'entraîner chez les morts ou dans la lune. Toute sa création semble placée sous le signe du voyage qui emporte le narrateur de l'*Histoire vraie* au-delà des colonnes d'Hercule, dans un désir inlassable de l'ailleurs. Rien de tel chez Alciphron dont les héros paraissent éprouver une répugnance profonde à l'idée de voyager. Un des thèmes qui revient le plus souvent chez lui, c'est la douleur ou la peur de partir. Ménandre refuse de se rendre en Égypte et les personnages qui finissent par se résoudre à s'en aller ne le font jamais de gaieté de cœur. Même les parasites ont le mal du pays ; les contrées lointaines inspirent moins de curiosité que de panique. L'espace est ici resserré d'une manière presque frileuse et nous retrouvons, entre Lucien et Alciphron, la différence qui était déjà sensible dans leur manière d'écrire : le premier développe et dilate à plaisir, le second concentre.

Un passé recomposé

L'Athènes d'Alciphron est celle de la fin du quatrième siècle ou du début du troisième siècle avant J.-C. Sur ce point c'est, une fois de plus, le livre des hétaïres qui apporte les indications les plus précises grâce aux personnages historiques qui en sont les héros. Dans les trois premiers livres, le contexte est moins net ; aucun événement politique n'est mentionné, à l'exception d'un projet d'expédition navale formé par les Athéniens, mais l'auteur n'en indique ni la destination, ni le motif. Cependant, Marathon, Salamine, l'ostracisme d'Aristide, la mutilation des Hermès et la parodie des Mystères sont toujours donnés comme appartenant au passé ; les allusions aux diverses écoles de philosophie suggèrent un arrière-plan culturel qui est, en gros, le même que celui des lettres des hétaïres.

Ce monde est fortement idéalisé. L'auteur s'attarde sur la beauté des grandes fêtes qui rythment la vie des Athéniens (surtout les Ôschophories, les Thesmophories, les Lénéennes, les Anthestèries, les Dionysies) ; il vante les réjouissances et les spectacles en des termes très proches de ceux d'Isocrate.

Il insiste sur les institutions démocratiques : l'Aréopage, le tribunal de l'Héliée, la Boulé et l'assemblée du Peuple. De cette dernière, il déclare à deux reprises qu'elle se réunit sur la Pnyx : ce n'était plus le cas, semble-t-il, à la fin du quatrième siècle [43], mais au deuxième siècle après J.-C., au moment où les Romains tentèrent de faire revivre l'Athènes classique, ils remirent en vigueur les anciennes coutumes. Ils rendirent aussi à l'Aréopage un peu de son lustre passé : or, dans le texte d'Alciphron, ce tribunal joue un rôle beaucoup plus important qu'il ne devait le faire à la fin du quatrième siècle. Doit-on voir dans ces inexactitudes des anachronismes, dus à une information insuffisante, Alciphron donnant à l'Athènes du quatrième siècle les institutions qu'il lui connaît à son époque ? Il peut s'agir, plus profondément, du même mouvement de « retour passionné aux sources [44] » qui anime les Romains du deuxième siècle. Athènes, l'Athènes idéale, éternelle, c'est celle du cinquième siècle, la petite cité libre et fière qui symbolise la démocratie.

Pour confirmer cette lecture, remarquons que, même si l'action se situe après Chéronée (338 av. J.-C.), le texte d'Alciphron ne suggère nulle part la moindre rupture de l'ordre politique. Une lettre est bien consacrée à la puissance de Démétrios Poliorcète, mais celui-ci semble plus un invité qu'un maître et les personnages évoluent dans un contexte éminemment démocratique. Le passage le plus frappant en ce sens est la longue lettre dans laquelle Ménandre oppose à l'Égypte, pays de la tyrannie, la cité d'Athènes, présentée – bien après Chéronée – comme le lieu des institutions démocratiques et de la liberté.

Cette image d'une Athènes à jamais démocratique vient de l'enseignement rhétorique. Fonctionnant par lieux communs, par généralisations et par classifications, il tend à figer le visage des hommes et des peuples dans une vérité éternelle qui fait fi de toute évolution historique. « L'école a rangé chaque cité, chaque nation à sa place, en lui donnant un costume, une tâche et des vices... La Grèce se définit par ses vertus, son goût pour l'éloquence, sa légèreté coupable aussi... Athènes est la cité du recueillement philosophique, du désintéressement et de l'ironie... et bien entendu des institutions démocratiques ; son dialecte est admirable et subtil[45] ».

Immobilisée ainsi par l'école dans une démocratie inaltérable, Athènes représente un espace-temps mythique, une sorte de musée dans lequel se réfugient les intellectuels du deuxième siècle, loin de la réalité de la domination romaine[46]. La littérature opère un retour aussi complet que possible vers ce passé idéalisé. La nostalgie des origines se manifeste également par la recherche de la langue attique la plus pure[47], langue idéale, elle aussi, et d'une certaine manière imaginaire, « de même qu'aujourd'hui il existe, chez certains, un mythe du français pur[48] ».

Dans ce passé recomposé où nous entraîne Alciphron, nous ne sommes pas surpris de rencontrer ceux qu'il est convenu d'appeler les « grands hommes » : aussi nécessaires que les citations savantes à une dissertation, ils sont la parure obligée de l'Athènes idéale. Or, si nous examinons les personnages historiques qu'il met en scène, Praxitèle, Hypéride, Démétrios Poliorcète, Épicure, Ménandre, nous constatons qu'ils se distinguent des hommes illustres dont nous avons l'habitude sur un point fondamental : il ne s'agit ni de patriotes ni de personnages politiques, ou, si c'est le cas, cet aspect de leur personnalité est délibérément passé sous silence. La perspective est particulièrement nette pour Hypéride, dont on connaît les engagements : Alciphron ne s'intéresse qu'à sa vie sentimentale et à la manière dont il ravit Phrynè à son rival Euthias, suscitant le dépit de son ancienne maîtresse Myrrhinè. Même transformation de la figure de Démétrios Poliorcète : Lamia a beau le montrer revêtu des insignes de la fonction royale, rien ne nous est dit de sa personnalité politique ; c'est un portrait galant qui nous est fait de ce prince qui se laisse charmer par l'*aulos* de son hétaïre.

Cette insistance sur les motifs amoureux se retrouve certes dans les portraits de Ménandre et d'Épicure, mais la production littéraire de ces écrivains n'est jamais négligée. La lettre de Léontion évoque la doctrine d'Épicure et donne les titres de certains de ses traités. Les trois lettres consacrées à Ménandre le montrent amoureux, mais aussi poète comique conscient de son art. Quant à la lettre de Phrynè à Praxitèle, elle insiste sur la beauté de ses statues. Les politiques ne sont donc pas logés à la même enseigne que les artistes et que les penseurs : ce sont ces derniers qui comptent vraiment – trait caractéristique d'une littérature « désengagée » pour laquelle la création esthétique est la seule valeur importante.

Ménandre et la comédie

Dans cette galerie de figures célèbres, Ménandre occupe une place à part, car le texte d'Alciphron qui le met en scène s'inspire largement du théâtre de ce poète. Celui-ci joue donc dans l'œuvre un rôle complexe : il est à la fois un des personnages et le maître imité par l'auteur. Aussi est-ce à un jeu subtil entre le modèle et sa représentation que nous invitent ses lettres – et cela, consciemment, délibérément. Ce n'est pas un hasard si Glycéra, l'amante de Ménandre, rappelle au poète qu'il a fait d'elle le personnage d'une de ses comédies et que ce personnage est presque aussi réel que l'original. La mise en abîme s'opère à plusieurs niveaux : Glycéra, le personnage de la comédie de Ménandre, est une image de la vraie Glycéra, l'amante de Ménandre, mais celle-ci est à son tour un personnage d'Alciphron, et ce dernier lui-même n'est pas vraiment le maître du jeu puisqu'il imite et reproduit l'art de Ménandre, lequel est tout de même dans les lettres un personnage aussi. On voit à quel point l'écriture est ici consciente d'elle-même et de la subtilité des liens qui peuvent unir un personnage, son créateur et le modèle dont il s'inspire.

Que les lettres d'Alciphron doivent beaucoup à Ménandre est une évidence établie depuis longtemps. Les parallèles avec les pièces que nous connaissons sont nombreux, les emprunts manifestes[49] et il est vraisemblable que des phrases, voire des passages entiers, sont également repris à des pièces qui ne nous sont pas parvenues. La parenté est si visible qu'on a même essayé, à partir du texte d'Alciphron, de retrouver celui de Ménandre. C'est ainsi que Th. Kock, remarquant que certains passages, où Lucien et Alciphron sont très proches, contiennent des traces de trimètres ïambiques, en a déduit que leur source était une tirade de comédie réécrite par les deux auteurs. Faisant alors le travail inverse, modifiant la place de certains mots, en supprimant ou en ajoutant d'autres, il a recomposé ce qui d'après lui est le texte original de la comédie perdue[50]. Aucune de ses reconstitutions n'a jusqu'ici été confirmée par la découverte de papyrus et sa méthode a suscité bien des réserves ; les critiques rappellent notamment que le rythme ïambique est très proche du rythme naturel de la langue grecque et qu'on ne peut donc pas conclure grand-chose de la présence de trimètres ïambiques dans un texte[51].

S'il est aventureux de se fonder sur le texte d'Alciphron pour retrouver celui de Ménandre, il n'en reste pas moins que notre auteur lui emprunte énormément. Conscient de sa dette, il prend soin de la signaler en faisant apparaître plusieurs fois le monde du théâtre dans son recueil : outre la place importante occupée par Ménandre, il y a aussi une allusion à son rival moins aimé, Philémon. Il montre également les acteurs : Likymnios, l'acteur tragique insolent, fier de sa belle voix, et Philoporos, le misérable parasite qui se prépare, avec bien des difficultés, à jouer le rôle d'un esclave dans la pièce du poète comique Lexiphanès. Les spectateurs ne sont pas oubliés : il y a Glycéra, l'amoureuse, qui guette les applaudissements du public, et le rustre qui ne comprend rien à la représentation, mais s'enthousiasme devant l'habileté d'un illusionniste.

Les ressemblances avec la comédie sont si nombreuses qu'on ne pourra ici qu'en mentionner quelques-unes[52]. Les personnages, d'abord. On retrouve chez Alciphron la plupart des types de la scène comique : le soldat fanfaron, le bourru, les philosophes sourcilleux dont le théâtre a ri si souvent depuis Aristophane, les usuriers, les jeunes gens éperdus d'amour et prêts à se ruiner pour une hétaïre. Les pêcheurs évoqués dans le premier livre sont aussi des personnages de théâtre[53], de même que les paysans du deuxième livre, qui correspondent aux rustres de la comédie, parfois déplaisants ou balourds, la plupart du temps honnêtes, et toujours fort malodorants.

C'est lorsqu'il dépeint les parasites et les hétaïres qu'Alciphron se rapproche le plus de la scène comique. Ses parasites imitent leurs homologues de la comédie et reprennent peut-être aussi certains emplois d'esclaves de théâtre[54]. Quant à ses hétaïres, certaines sont les femmes rapaces et vulgaires que malmène la comédie ; d'autres, comme chez Ménandre, sont des filles aimantes et désintéressées. C'est le cas notamment de Bacchis : cette hétaïre au grand cœur rappelle l'Habrotonon de l'*Arbitrage*, la Chrysis de *La Samienne* et la bonne *mere-*

trix de l'*Hécyre* de Térence, laquelle d'ailleurs s'appelle pareillement Bacchis.

Notons aussi la reprise de certaines situations de la comédie : affrontements entre pères et fils, personnages crédules qu'on dupe et dépouille, enlèvements, abandon d'enfants illégitimes munis de *gnôrismata*, ces signes de reconnaissance qui jouent un rôle si important dans les intrigues comiques.

Plus profondément, les lettres d'Alciphron exploitent les ressorts essentiels de la comédie. Elles visent à faire rire, surtout dans le troisième livre. Même si les parasites sont parfois pitoyables, leurs larcins, leurs bagarres et les bastonnades dont ils sont victimes appartiennent au répertoire de la farce : l'un d'eux, rasé de travers par un barbier facétieux, semble même porter le masque burlesque d'un acteur. Quant au thème de la nourriture, fondamental dans la farce[55], il est exploité avec toutes les variations possibles : banquets somptueux ou ridicules, repas qui se font attendre, inégalité de traitement entre convives, gâteaux convoités, plats dérobés aux cuisiniers, restes récupérés en cachette, ventres insatiables qu'on ne parvient pas à remplir ou qu'on bourre d'aliments immondes jusqu'au vomissement, soupes dégoûtantes dont les vêtements sont aspergés...

Mais, plus encore que la veine comique de Ménandre, c'est le caractère sentimental de ses pièces qui influence Alciphron. Il fait une place très grande à l'amour. Amour aveugle d'un pêcheur qui se ruine pour une joueuse de lyre, amour candide d'une fille de pêcheurs qui retrouve toutes les beautés de la mer sur le visage de son bien-aimé, amour désespéré d'un parasite qui demande à ses confrères de le lapider, ébats sensuels des hétaïres sur l'herbe printanière, adultères, liaisons orageuses, ruptures, abandons, tromperies... Ces histoires sont fréquemment pathétiques ou cruelles : un amoureux en est réduit à partir à la guerre parce que son hétaïre lui a tout pris, un paysan répugnant poursuit sa servante et la pousse au suicide, une jeune veuve est violée dans les fourrés par celui qu'elle a refusé d'épouser.

Par ces thèmes amoureux insistants, récurrents, les lettres d'Alciphron se rapprochent parfois de l'élégie, dont elles reprennent les lieux communs – celui, par exemple de l'*amator exclusus* qui pleure devant la porte ou cherche l'oubli dans le vin [56] – ainsi que de nombreuses images : la figure gracieuse et cruelle de l'enfant Éros, si souvent évoquée par les élégiaques dans la tradition anacréontique, celles des Charites et des Nymphes, un grand nombre de métaphores précieuses, notamment pour évoquer la « blessure » d'amour... On peut donc imaginer qu'Alciphron a imité sur ces points les poètes alexandrins qui servirent de modèles à Catulle, puis à Properce, Tibulle et Ovide. Mais on sait combien les élégiaques ont admiré Ménandre [57] et combien leurs accents sont parfois proches des comiques grecs ou latins. Il est donc difficile de dire si l'œuvre d'Alciphron s'inspire de l'élégie, ou si les ressemblances viennent du fait que les élégiaques ont puisé, comme lui, à la veine comique. En tout cas, directe ou indirecte, c'est encore ici l'influence de Ménandre qui s'exerce.

La même remarque vaut pour le roman dont, par bien des traits, notre texte est très proche. Ses tempêtes, ses pirates, ses bandits de grand chemin sont autant de motifs romanesques. Le berger Pratinas joue de la *syrinx* au milieu de ses bêtes comme Daphnis et le repas des hétaïres sur l'herbe rappelle les déjeuners rustiques des héros de Longus[58]. Au roman se rattache surtout une tendance à idéaliser la nature, avec ses fleurs « multicolores », ses « doux » fruits, ses rossignols « mélodieux », ses champs travaillés par des campagnards ignorants, mais vertueux. Ces braves gens hospitaliers, qui mettent en commun leurs maigres ressources, ce fils aimant, cette jeune fille qu'on prépare à une vie pure et modeste ressemblent à des héros de *Pastorales*. Cependant, il ne faut pas oublier que cette perspective moralisatrice se rencontre aussi chez Ménandre[59] et que le roman doit beaucoup à la comédie, dont il reprend les types ainsi que de nombreuses situations[60]. Il est donc difficile de dire s'il exerce, en tant que genre littéraire, une influence spécifique sur la création d'Alciphron.

Tous les chemins ramènent donc à Ménandre et à la comédie nouvelle dont nous avons gardé si peu de traces, alors que, par le biais des adaptations romaines et surtout grâce aux différents genres littéraires qui en sont issus, elle a joué un rôle tellement important dans la littérature. Les lettres d'Alciphron nous conservent au moins un écho, si assourdi soit-il, de ces pièces perdues, qui ont marqué l'imaginaire de toute une époque et qui donnaient à voir, sur la scène d'un théâtre, quelques aspects de la comédie humaine[61].

La pantomime des gueux

Alciphron n'écrit pas pour le théâtre, mais on peut supposer qu'à l'instar des dialogues de Lucien, les textes de ce rhéteur étaient destinés à être lus en public, comme autant de petits sketches qui gardaient quelque chose de théâtral. Rapportant une anecdote, croquant une attitude ou un caractère, leur auteur y dévoile le comportement public ou privé d'un individu, en donnant à ses observations, comme le fait le poète comique, un tour assez général pour tendre à une vérité universelle.

Il y a plus. Dans la mesure où ses lettres donnent la parole à des gens qui ne sont pas intégrés au système de la *polis*, pauvres (paysans et pêcheurs) ou marginaux (parasites et hétaïres), elles proposent, comme la comédie, une vision inhabituelle et quasi subversive de la société[62] : celle-ci est vue d'en bas ou par ses marges.

L'auteur insiste sur la fragilité et la misère de ses personnages. Pêcheurs et paysans luttent contre la dureté de la nature et la méchanceté des riches. Le parasite dépend de ses protecteurs et, pour pouvoir manger, il doit accepter violences et humiliations, être moqué, battu, bafoué, renoncer à ses droits sur son corps, jusqu'au moment où celui-ci n'en pourra plus ; il doit tout abandonner, même son nom, dont Homère disait pourtant que c'est la seule chose dont nul ne peut être privé[63]. Les hétaïres ne font pas vraiment partie de la cité ; elles vivent au Céramique, près du cimetière, lieu marqué par un très fort tabou ; elles n'ont pas de famille, pas d'héritiers, pas d'inscription funéraire[64] ; elles ne possèdent rien, sinon ce que leurs soupirants veulent bien leur donner. Alors que les épouses légitimes doivent garder la maison, elles sont à la disposition du premier venu « comme les bains et les équipements collectifs[65] ». On peut rapprocher la lettre de Pétalè de la tirade de Bacchis dans l'*Heautontimoroumènos* de Térence[66]. La courtisane y déclare à une jeune fille qui va se marier : « C'est votre intérêt d'être honnêtes ; nous, ceux que nous fréquentons ne nous le permettent pas, car c'est notre beauté qui pousse nos amants à nous rechercher ; dès qu'elle décroît, ils portent leur amour ailleurs. Si dans l'intervalle nous ne nous sommes pas ménagé quelques ressources, nous vivons dans l'abandon. »

À ces personnages faibles et méprisés, Alciphron confie le rôle de narrateur et ils en usent avec vigueur, revendiquant vertement leur droit à la parole et à l'égalité. Revanche du simple particulier sur le grand homme, de la femme sur l'homme, du pauvre sur le riche. Thaïs, l'hétaïre, et Autoclètos, le parasite, se mettent sans vergogne en concurrence avec les philosophes : même but (le profit), même aptitude à former la jeunesse – et, si l'on compare les disciples, peut-être Aspasie, l'hétaïre de Périclès vaut-elle mieux que Socrate, le maître de Critias.

Vus par leurs hétaïres, les grands hommes ne paraissent plus si grands. Lamia, la concubine de Démétrios Poliorcète, compare avec étonnement la majesté de l'homme public et l'amant soumis qu'elle connaît. Léontion montre méchamment que, dans sa vie privée, Épicure ne sait pas dominer ses passions ni suivre la Nature ; faisant peu de cas de la gloire, elle lui préfère un beau jeune homme, Timarchos. Un regard démystificateur est posé sur la gloire et les biens de fortune, dans un mouvement qui se rattache à la grande tradition de la diatribe cynico-stoïcienne. Cette perspective est très proche de celle de Lucien, qui montre, dans les *Dialogues des Morts,* Alexandre, Agamemnon et même Socrate, dépouillés de tout prestige, pauvres ombres soumises au joug égalitaire de la mort.

Chez Alciphron, ce n'est pas la mort, mais le regard des pauvres qui opère ce renversement des valeurs. Le parasite et l'hétaïre arrachent les masques des grands hommes et dévoilent les vices qui mènent le monde. Pour ces personnages affamés et instables, dont le Neveu de Rameau, parasite moderne, est en littérature le successeur le plus insolent, « la voix de la conscience et de l'honneur est bien faible lorsque les boyaux crient » et chacun danse à sa manière la « pantomime des gueux, le grand branle de la terre ».

Remerciements

Je tiens à dire tout le profit que j'ai retiré des conseils de Jean-Marie Jacques et de ses éditions de Ménandre dans la Collection des Universités de France (*Le Dyscolos*, Paris, 1963, 2e éd. 1976 ; *La Samienne*, Paris, 1971, 2e éd. 1989 et *Le Bouclier*, Paris, 1998).

Que soient aussi remerciés Jean-Christian Dumont et Jacques Vallet pour leurs encouragements et leurs suggestions et Jacques Menaut pour sa relecture patiente, attentive et minutieuse de mon manuscrit.

Postérité, éditions, traductions

Nous ne savons presque rien de l'audience qu'a pu avoir Alciphron dans l'Antiquité. Élien semble s'inspirer de lui dans ses *Lettres de paysans,* mais aucun écrivain ne fait explicitement référence à lui, à l'exception d'Aristénète, qui écrit au cinquième ou au sixième siècle. Celui-ci fait d'Alciphron un des auteurs supposés des lettres qu'il compose. Il indique ainsi qu'il le reconnaît comme un maître dans ce genre littéraire et, de fait, il lui emprunte beaucoup : ainsi, sa lettre II, 1 reprend-elle presque textuellement, la lettre IV, 16 d'Alciphron. Aristénète imagine une correspondance entre Lucien et Alciphron [1] : pour les lecteurs de son époque, les deux écrivains passent donc pour contemporains et de valeur littéraire comparable.

Le Moyen Âge semble ignorer Alciphron. Une scolie byzantine lui donne l'épithète de « rhéteur » [2] ; une scolie du XIIe siècle le qualifie d'« atticiste » [3]. Il n'apparaît nulle part ailleurs.

La première édition est l'œuvre de Marcus Musurus, à Venise, en 1499, chez le grand éditeur Alde Manuce.

Érasme paraît avoir apprécié Alciphron ; il le nomme dans le catalogue des auteurs grecs qui lui inspirent ses *Adages* et le cite parfois (par exemple, Adage 158). Guillaume Budé fait aussi référence à Alciphron, notamment pour commenter certains mots rares (ainsi, pour expliquer *crotalizein*, il renvoie à la lettre IV, 19).

Au XVIIe siècle paraît une nouvelle édition, avec une traduction latine, attribuée à Cujas (mais cette attribution est contestée), *Epistolæ Graecanicæ Mutuæ*, Genève, 1606.

Au XVIIIe siècle, on s'intéresse beaucoup à Alciphron. L'helléniste S. Bergler donne du texte une nouvelle édition, considérablement enrichie et accompagnée d'une traduction en latin, *Alciphronis rhetoris Epistolæ*, Leipzig, 1715 (ouvrage réédité à Utrecht en 1791). Cette édition, vantée dans les *Actes des savants de Leipzig* (Mai 1715, art. VII), ne passe pas inaperçue en France. L'œuvre d'Alciphron suscite la colère du *Journal de Trévoux* (Janv. 1716, art. VII) : « C'est ce qui s'appelle de pures bagatelles, dans celles qui se peuvent lire ; dans les autres, c'est des obscénités. On n'y voit ni traits d'histoire, ni sentiments moraux, ni rien qui puisse contribuer à perfectionner l'esprit et le cœur... Alciphron n'a pas écrit ces lettres en son nom... il emprunte divers personnages de pêcheurs, de laboureurs, de parasites lâches et effrontés auxquels il donne des noms qui ont rapport avec leur genre de vie. Mais il introduit aussi des courtisanes sans pudeur. »

En dépit de cette condamnation, ou peut-être à cause d'elle, intellectuels et romanciers libertins s'intéressent à l'œuvre. A.-R. Lesage avait traduit les *Lettres galantes d'Aristénète* (Rotterdam, 1695) ; à cette édition viennent s'ajouter en 1739 quelques lettres d'Alciphron (*Lettres d'Aristénète auxquelles on a ajouté les lettres choisies d'Alciphron*, Londres, 1739).

Quelle est véritablement l'audience d'Alciphron au XVIIIe siècle ? Il est difficile de l'apprécier. Les auteurs des romans par lettres, qui font alors fureur, lui doivent sûrement quelque chose, même s'ils ont été davantage marqués par Aristénète. Le XVIIIe siècle est, par bien des traits, proche de sa sensibilité. Les pâtres des bergeries ressemblent à ses paysans galants et maniérés. L'amour des ruines rejoint son esthétique antiquisante. Le roman libertin retrouve l'inspiration de certaines lettres des hétaïres. Quant au drame bourgeois, il exprime le même goût pour le pathétique, pour les vertus familiales et pour les histoires édifiantes. C'est bien sûr avec Diderot et son *Neveu de Rameau,* le parasite de génie, que la rencontre est la plus frappante.

Les affinités entre Alciphron et la sensibilité du XVIIIe siècle se manifestent en 1784 et 1785 par les trois volumes que lui consacre l'abbé J. Richard. Ce chanoine de Vézelay, qui devait devenir membre de l'Institut en 1795, avait déjà publié un certain nombre d'ouvrages historiques et scientifiques, ainsi qu'une *Hipparchia* qu'il donnait pour une « histoire galante traduite du grec », alors qu'il était sans doute lui-même l'auteur de ce roman satirique. Sa traduction d'Alciphron en français eut un succès certain, puisqu'elle fut reproduite en 1793 sous le titre *Les Courtisanes de la Grèce*. Elle est souvent bavarde ; elle tient parfois de la glose ou pratique la périphrase pudique. Ainsi, pour la lettre IV, 4, la phrase de Bacchis : « ne crois pas ceux qui te disent que si tu n'avais pas déchiré ta tunique et montré tes seins aux juges, l'orateur n'aurait servi à rien » devient : « ne te laisse pas éblouir par les propos de quelques flatteurs qui te diront que tu ne dois ton salut qu'à ta beauté ; que si l'orateur n'eût pas déchiré ta robe, n'eût pas découvert aux yeux des juges les charmes cachés dont ils furent éblouis, tout l'étalage de son éloquence eût été en pure perte ». Le commentaire est très abondant, riche en digressions de toutes sortes. C'est un témoignage intéressant sur la manière dont l'œuvre pouvait être reçue à la fin du XVIIIe siècle – à la fois comme un document sur la Grèce ancienne, une leçon morale exaltant les bons sentiments et les vertus familiales[4], un appel à compatir à la misère des humbles[5] et un texte grivois (l'abbé J. Richard condamne les « vils parasites » et les hétaïres, mais éprouve pour ces dernières une fascination qu'il parvient mal à dissimuler[6]).

Après l'édition de S. Bergler, la fin du XVIIIe siècle voit une nouvelle édition savante, accompagnée d'une traduction en latin, par J. A. Wagner (Leipzig, 1798, 2 vol.), qui confirme le regain d'intérêt pour Alciphron[7]. Au XIXe siècle paraît à Leipzig une nouvelle édition (1853, renouvelée en 1856) due à E. E. Seiler et, la même année, toujours à Leipzig, une édition d'A. Meineke. R. Hercher s'appuie sur ces travaux quand il fait entrer les lettres d'Alciphron dans sa grande collection bilingue (grec-latin) des *Epistolographi Græci* (Paris, 1873).

Mais c'est sur le texte établi par M. A. Schepers en 1901 (diss. Groningen), publié ensuite avec quelques modifications dans la collection Teubner (Leipzig, 1905) que s'appuient toutes les éditions ou traductions modernes d'Alciphron – notamment, pour les plus récentes, A. R. Benner et F. H. Fobes, *The Letters of Alciphron, Aelian and Philostratus*, texte grec et traduction en anglais, Londres, 1949 ; E. Avezzù et O. Longo, *Lettere di parassiti e di cortigiane*, Venise, 1985, texte grec et traduction en italien des deux derniers livres ; E. Ruiz Garcia, *Teofrasto, caracteres ; Alcifrón, Cartas*, Madrid, 1988, traduction en espagnol ; P. von Hansmann, *Hetärenbriefe des Alkiphron,* Francfort, 1989 (édition commune avec Philostrate).

Note sur la présente traduction

Depuis les travaux de l'abbé J. Richard, il n'y a eu qu'une traduction en français, au XIXe siècle, celle de S. de Rouville (Paris, Rouquette, passage Choiseul, 1874). Elle n'est pas intégrale. L'auteur a travaillé, semble-t-il, sur le texte de R. Hercher, mais il ne donne pas d'indication à ce propos. Son petit livre ne comporte aucune note, aucun appareil critique, rien que le texte français. Le style en est élégant, bien enlevé, mais souvent très éloigné de l'original.

La traduction que nous proposons aujourd'hui présente pour la première fois le texte intégral en français. Elle s'appuie sur le texte de M. A. Schepers avec les quelques modifications que lui ont apportées A. R. Benner et F. H. Fobes.

En ce qui concerne les noms propres, nous avons transcrit ceux du quatrième livre sans leur apporter la moindre modification, puisqu'il s'agit de véritables personnages, parfois même de figures historiques. Dans le troisième livre, nous avons suivi l'exemple d'E. Avezzù qui a traduit par des mots composés italiens les noms des parasites : nous donnons cette traduction entre parenthèses, tout en maintenant les noms grecs, afin que le lecteur puisse entendre les sonorités savoureuses qu'Alciphron leur a données. Pour les deux premiers livres, nous avons hésité, car les noms y sont plus ordinaires. Mais, dans la mesure où ils sont tous liés au métier ou au caractère des narrateurs, nous avons finalement essayé de leur trouver des équivalents français, au risque de donner parfois un sens trop fort à des mots qui, en grec, avaient dû perdre un peu de leur saveur originelle.

Nous avons choisi de parler d'hétaïre et non de courtisane. Ce dernier mot, employé jusqu'ici dans les traductions françaises, nous paraît un peu vieilli et ne pas respecter tout à fait la spécificité du monde grec. Le mot *hétaira* est le féminin de l'adjectif *hétairos*, qui désigne le compagnon, c'est-à-dire moins l'ami (*philos*) que celui dont on partage les activités. L'hétaïre se distingue aussi nettement de l'épouse que de la concubine [1] ; ce n'est pas non plus la simple prostituée (*pornè).* Il peut s'agir d'une femme brillante et cultivée, comme le fut Aspasie, mais aussi d'une fille ignorante et superstitieuse, pareille aux personnages des *Dialogues des hétaïres*, de Lucien ; elle peut être libre ou esclave. Si elle a beaucoup de points communs avec la courtisane française du XIXe siècle, elle se rapproche tout autant de ses sœurs, la geisha japonaise ou la demoiselle du Quartier des Saules de la Chine ancienne. Aussi préférons-nous la désigner par son nom grec.

Aucun mot français ne correspond exactement au *parasitos* grec. Ce dernier est bien plus que notre parasite : un « pique-assiette », mais aussi un bouffon, un souffre-douleur, un entremetteur parfois. Nous avons conservé, faute de mieux, le terme consacré par la tradition.

Livre I

Lettres de pêcheurs

Lettre 1
Eudios (L'Embellie) à Philoscaphos (Aimesquif)[1].

Quel bonheur, le calme que la mer nous a offert aujourd'hui ! Pendant trois jours, la tempête a fait rage. De violents vents du nord venus des promontoires soufflaient sur le large, les flots noirs frissonnaient, l'eau était couverte de fleurs d'écume et, sur toute la surface de la mer, les vagues se brisaient les unes contre les autres : certaines se fracassaient sur les rochers, d'autres se gonflaient avant d'éclater. Impossible de travailler. Nous nous sommes réfugiés dans les cabanes du rivage ; nous avons ramassé les quelques bouts de bois que les constructeurs de navires ont abandonnés dernièrement, quand ils ont débité des chênes, et nous en avons fait du feu pour adoucir la morsure du froid. Mais aujourd'hui, le quatrième jour, nous avons eu, je crois, une journée d'alcyon[2], comme le prouve la pureté du ciel, qui nous a offert d'un seul coup l'abondance. Dès que le soleil est apparu et que son premier rayon a brasillé sur la mer, nous nous sommes empressés de mettre à la mer le frêle esquif que nous avions tiré l'autre jour sur le rivage ; nous y avons embarqué les filets et nous sommes mis au travail. Nous les avons jetés tout près de la côte, et pourtant quelle abondance ! que de poissons nous avons ramenés ! Pour un peu, le poids entraînait les flotteurs par le fond[3].

Aussitôt les mareyeurs se sont approchés ; ils ont hissé leurs palanches sur leurs épaules, attaché leurs corbeilles de chaque côté et, après nous avoir payés, ils ont quitté Phalère en hâte pour se rendre à la ville. Nous avons pu les satisfaire tous et il nous est resté du fretin en quantité ; nous l'avons apporté à nos femmes et à nos enfants – de quoi les rassasier pour la journée, et même pour plusieurs jours, si la tempête reprend.

Lettre 2
Galènaios (La Bonace) à Kyrtôn (La Nasse).

C'est en vain que nous nous donnons tout ce mal, Kyrtôn : nous sommes brûlés le jour par la chaleur du soleil et, la nuit, nous sillonnons l'abîme à la lueur des torches. Nous vidons nos amphores dans le tonneau des Danaïdes, comme on dit, tant notre labeur est inutile et stérile. Nous n'avons même pas le droit de nous emplir le ventre d'orties de mer ou de coquillages ; le maître ramasse tout, nos poissons et nos pauvres sous. Non content de nous prendre tout cela, il ne cesse de fouiller la barque. Avant-hier, nous lui avions envoyé de Munychie[4] Hermôn, le garçon que tu connais, pour lui porter la marchandise ; le maître a réclamé des éponges et de la laine de mer – comme si elle poussait tout exprès pour habiller une vaniteuse [5] ! À peine avait-il formulé cette demande supplémentaire qu'Hermôn abandonna panier et poissons ; il nous abandonna nous aussi, avec la barque, pour s'en aller rejoindre sur un bateau des rameurs rhodiens qui se sont mis à leur compte. Voilà le maître privé d'un serviteur et nous d'un bon compagnon de travail.

Lettre 3
Glaucos [6] à Galatée [7].

Quelle bonne chose que la terre ! la glèbe est sans danger. Les Athéniens n'ont pas tort de l'appeler « bienfaitrice », car les bienfaits qu'elle nous prodigue assurent la vie et le salut. La mer est rude et la navigation une entreprise téméraire ; j'en juge avec raison, instruit par l'expérience et par les leçons des maîtres. Un jour que je voulais vendre du poisson, j'ai entendu un de ces va-nu-pieds au teint cadavéreux qui passent leur temps sous le Pœcile [8], déclamer un vers dirigé contre la folie des navigateurs. Il prétendait que c'était d'un certain Aratos, savant dans les phénomènes célestes, et cela disait (autant que je peux m'en souvenir car je n'ai pas tout retenu) :

« Seul un morceau de bois protège de l'Hadès [9]. »

Pourquoi ne pas nous montrer raisonnables, femme, et ne pas fuir, même sur le tard, ce voisinage de mort – d'autant que nous avons de jeunes enfants pour lesquels il nous faut vivre ? Si notre pauvreté nous empêche de leur donner beaucoup, voici du moins un bonheur que nous pouvons leur offrir : ils resteront dans l'ignorance des triples lames et des dangers venus de l'abîme, ils tireront leur nourriture du travail des champs, ils embrasseront une vie sûre et sans crainte.

Lettre 4
Kymothoos (Coursevague) à Tritônis (Fille de Triton).

Autant il y a de différence entre la terre et la mer, autant il y en a entre nous, les travailleurs de la mer, et les gens qui habitent des villes ou des villages. Eux, ils restent derrière les murs à s'occuper des affaires publiques, ou s'attachent à un lopin de terre et attendent du sol le revenu qui les nourrira. Mais notre vie à nous se trouve sur l'eau ; la terre cause notre mort, comme pour les poissons, incapables de respirer l'air. Alors, qu'est-ce qui t'a pris, femme, de quitter le rivage et les filets de lin, pour aller vers la ville hanter les Ôschophories [10] et les Lénéennes [11], et te mêler dans les fêtes aux riches Athéniennes ? Ce n'est pas raisonnable, ce n'est pas une bonne conduite, ce n'est sûrement pas dans cette intention, que ton père, originaire d'Égine où le sort a voulu que tu naisses et que tu sois élevée, t'a donnée à moi pour que je t'initie aux mystères du mariage. Si c'est la ville que tu chéris, adieu, va-t'en ! Mais si tu aimes ton mari et le monde de la mer, reviens – tu auras fait le bon choix – et oublie à jamais ces spectacles, ces pièges de la ville.

Lettre 5
Naubatès (Dubateau) à Rhothios (Clapotis).

Tu te crois plus riche que tout le monde, puisque tu appâtes mes matelots en leur offrant un salaire supérieur. Et tu as raison. Un coup de filet t'a apporté l'autre jour des dariques d'or qui sont peut-être des restes de la bataille navale de Salamine ; un navire perse a dû sombrer, corps et biens, au temps de nos ancêtres, quand Thémistocle, fils de Néoclès, éleva le grand trophée sur les Mèdes. Moi, en revanche, je dois me contenter d'assurer ma subsistance en travaillant chaque jour de mes mains. Eh bien ! puisque tu es riche, sois riche en étant juste ; que ton argent ne serve pas la méchanceté, mais l'honneur.

Lettre 6
Panopè [12] à Euthybolos (Droitfilet).

Quand tu m'as épousée, Euthybolos, je n'étais pas à la rue. Je n'étais pas non plus n'importe qui ; mes parents étaient tous deux honorablement connus. Mon père, Sôsthénès de Steiria [13] et ma mère, Damophilè, m'ont fiancée et unie à toi par le mariage, moi, une fille épiclère [14], pour que nous ayons une descendance d'enfants légitimes. Mais, avec ton regard de libertin et ton goût pour tous les plaisirs de l'amour, tu m'as outragée, ainsi que nos enfants, Galènè (Bonace) et Thalassiôn (Marin) : tu es amoureux de la métèque d'Hermionè [15] que le Pirée a recueillie pour le malheur de ses amants. Tous les garçons de la côte vont chez elle faire la fête : chacun lui apporte un cadeau ; elle prend tout et engloutit leur bien comme une vraie Charybde. Mais toi, tu dédaignes les cadeaux d'un simple pêcheur : ce ne sont pas des anchois ou des rougets que tu portes ou que tu veux lui donner ! Comme tu es moins jeune que les autres, marié depuis longtemps et père d'enfants déjà grands, tu lui envoies des foulards de Milet, un manteau de Sicile et de l'or, par-dessus le marché, dans ton désir de supplanter tes rivaux. Maintenant, de deux choses l'une : ou bien tu arrêtes ces dépenses splendides, tu renonces à vivre dans la débauche et à courir les filles, ou bien, sache-le, je m'en irai chez mon père qui ne m'abandonnera pas et qui te poursuivra devant les juges pour mauvais traitements.

Lettre 7
Thalassos (Delamer) à Pontios (Dularge).

Je t'ai envoyé une plie, une sole, un mulet et trente-cinq bigorneaux. Envoie-moi deux rames : les miennes sont cassées. Il s'agit d'un échange d'ami à ami. Qui demande sans façons et avec confiance montre bien qu'il considère qu'entre amis, tout est commun, ce qu'on leur donne et ce qu'on reçoit d'eux.

Lettre 8
Eucolymbos (Bonplongeon) à Glaukè[16].

Quand ils sont indécis, les gens consultent ceux qui leur veulent du bien. Et c'est mon cas. Pendant longtemps, j'ai pris les vents pour confidents, car je n'osais vraiment rien te dire, femme. Maintenant, je m'explique. Je te demande de choisir la meilleure solution et de me conseiller. Apprends donc de quoi il s'agit et sur quel sujet je sollicite ton avis.

Notre situation, comme tu sais, est tout à fait désespérée et nos ressources sont bien maigres ; la mer ne nourrit pas son homme. Or, vois-tu ce navire à rames, équipé de nombreux rameurs ? Il vient de Côrycos [17], avec à son bord une bande de pirates d'Attaleia [18]. Ils veulent m'associer à leurs aventures et m'annoncent profit sur profit, des sommes considérables. L'or et les beaux vêtements qu'ils me promettent me font béer d'envie, mais je ne supporte pas l'idée de devenir un assassin, de souiller de sang des mains que la mer, depuis mon enfance, a gardées pures de tout crime. Pourtant il est dur de continuer à vivre en compagnie de la misère ; ce n'est pas supportable. Toi, pèse bien tout et choisis ; quel que soit le côté vers lequel tu feras pencher la balance, femme, je m'y arrêterai, une fois pour toutes, car le conseil de ceux qu'on aime met un terme à l'indécision.

Lettre 9
Aigalieus (Durivage) à Strouthiôn (Moineau).

Que le diable m'emporte ! Mes affaires sont bien contrariantes : elles vont, comme on dit, à la mode de Mandroboulos [19]. Pour quelques pauvres pièces je vends ma pêche et j'achète le strict nécessaire – maigre réconfort ! Il est temps que nous nous associions, Strouthiôn, et tu recevras de moi, pour te réconforter, une part de ce que je tire de la mer. Je veux par ton intermédiaire entrer dans les bonnes grâces de quelques-uns de nos déterreurs de trésors [20], Érasiclès de Sphèttos [21] par exemple, ou Philostrate de Cholargos [22] : je pourrai leur porter directement le poisson de mes paniers. Sûrement, en plus du paiement en argent, je recevrai d'eux, grâce à toi, quelque réconfort quand on célébrera les Dionysies [23] ou les Apatouries [24]. Par ailleurs, ils m'arracheront à la main cruelle des inspecteurs du marché [25] qui, chaque jour, pour leur profit personnel, accablent de violence des gens qui ne font rien de mal. Vous autres, parasites, vous avez beaucoup d'influence sur les jeunes et les riches : ce ne sont pas des mots, mais des faits avérés.

Lettre 10
Képhalos (Muge) à Pontios (Dularge).

Regarde, la mer frissonne, la brume cache le ciel, tout est couvert de nuages, les vents contraires se heurtent, annonçant qu'ils vont dans un instant ébranler l'immensité marine. Et voici les dauphins qui bondissent ; ils sautent et glissent sur les vagues gonflées, nous signalant que la tempête et l'ouragan menacent. Ceux qui connaissent les phénomènes célestes disent que nous sommes actuellement au lever du Taureau. La prudence sauve les hommes prévoyants qui savent éviter le danger, mais d'autres se livrent à la mer une fois pour toutes : leur détresse les oblige à confier leur gouvernail à la Fortune et ils sont emportés. Voilà pourquoi nous apprenons qu'au large du cap Malée ou du détroit de Sicile, ou dans la mer de Libye [26] des marins, entraînés par les flots, font naufrage ou s'échouent. Le Capharée [27] n'est nullement plus sûr que ces régions, en cas de tempête ou de danger. Alors, en attendant que la houle s'apaise et que le temps retrouve sa pureté, parcourons les falaises jusqu'au Capharée ; si nous trouvons le cadavre d'un naufragé rejeté par la mer, nous pourrons l'ensevelir et lui donner une tombe. Une bonne action n'est jamais perdue, même si l'on ne voit pas tout de suite la récompense de son bienfait. Du reste, sans parler des profits qu'ils espèrent [28], la bonne conscience soutient déjà les hommes et dilate leur cœur, surtout quand c'est envers des compatriotes défunts qu'ils se montrent compatissants.

Lettre 11
Glaukippè à Charopè (Bleutée).

Je suis hors de moi, mère, je ne supporte pas d'épouser celui à qui mon père vient d'annoncer qu'il allait me fiancer, le garçon de Mèthymna [29], le fils du capitaine, depuis que j'ai contemplé l'éphèbe de la ville qui portait le sarment, quand tu m'as envoyée à Athènes, au moment des Ôschophories [30]. Il est si beau, ma mère, tellement séduisant. Ses boucles sont plus frisées que les mousses marines, il sourit de manière plus gracieuse que la mer quand elle est calme, ses regards ont des reflets bleu sombre : on croirait voir les flots, lorsqu'ils s'éclairent aux premiers rayons du soleil levant. Quant à tout son visage... On dirait que les Charites elles-mêmes dansent sur ses joues, après avoir quitté Orchomène[31] et s'être baignées dans la source d'Argaphia[32]. Ses lèvres, il les a fleuries avec des roses dérobées sur les seins d'Aphrodite et pressées au bord de sa bouche. Je serai à lui, sinon j'imiterai Sapphô de Lesbos : à défaut du rocher de Leucade, j'irai sur les falaises du Pirée me jeter dans les flots.

Lettre 12
Charopè (Bleutée) à Glaukippè.

Tu es folle, petite fille. En vérité tu divagues ; il te faut de l'hellébore, et non de l'espèce commune, mais de celle qui vient d'Antikyra en Phocide[33]. Alors que tu devrais avoir honte comme il sied aux jeunes filles, tu as dépouillé de ton visage toute pudeur. Tiens-toi tranquille, rentre en toi-même et chasse de ton esprit ces idées mauvaises. Car si ton père en entend parler, sans réfléchir et sans attendre, il te jettera en pâture aux monstres de la mer.

Lettre 13
Euagros (Bonneprise) à Philothèros (Finlimier).

Il y avait en vue du poisson, en quantité, mais, quand j'eus déplié mon filet, je m'aperçus qu'il était déchiré de toutes parts. Je ne savais que faire. Je formai donc un projet digne de Sisyphe et décidai de me rendre chez le prêteur Chrémès, de lui consentir une hypothèque sur ma barque et d'obtenir de lui quatre pièces d'or qui me permettraient de remettre mon filet à neuf. Aussitôt dit, aussitôt fait. Chrémès, cet homme sec, aux sourcils froncés, qui regarde tout le monde par en dessous comme un taureau, tomba sans doute amoureux de mon esquif, car il quitta sa gravité et son air sinistre, adoucit son regard et esquissa un petit sourire dans ma direction ; il me dit qu'il était disposé à m'aider en toutes choses. On voyait sans peine, tant son air chagrin s'était dissipé promptement, qu'il ne méditait rien de bon et que sa bienveillance était trompeuse. L'échéance venue, il me réclama intérêt et capital, sans même m'accorder un délai d'une heure. Alors, je reconnus celui que je connaissais, celui qui est assis à la porte de Diomède [34], l'homme au bâton recourbé, qui en veut à tout l'univers, Chrémès de Phlya. Il s'apprêtait à se saisir de ma barque. Voyant dans quelle situation impossible je m'étais mis, je courus à la maison, j'arrachai du cou de ma femme la petite chaîne en or qu'autrefois, quand j'étais plus à l'aise, j'avais fait monter en collier pour elle, je me rendis chez Pasiôn [35] le banquier, je l'échangeai, rassemblai l'argent que je devais, ainsi que les intérêts, portai le tout à Chrémès, lui remboursai ma dette et jurai sur ma tête de ne jamais plus consentir à me rendre chez un usurier de la ville, jamais, même si je devais succomber à la faim. Mieux vaut mourir dignement que de vivre à la merci d'un vieillard abject et cupide.

Lettre 14
Thynnaios (Duthon) à Scopélos (Récif).

Tu sais la terrible nouvelle, Scopélos ? Les Athéniens projettent une expédition au-delà des frontières[36] : ils ont l'intention de se battre sur mer. Déjà la *Paralos* et la *Salaminienne*[37], les bateaux éclaireurs les plus rapides, ont largué les amarres, avec à bord des observateurs qui vont décider à quel moment et de quel endroit il faut faire partir les futurs combattants. Les autres navires, destinés au transport des troupes, ont besoin de plus de rameurs, et particulièrement de gens habitués à lutter contre les vents et les flots. Que faire, mon ami ? Fuir ou rester ? Partout, au Pirée, à Phalère, au cap Sounion et jusqu'aux frontières de Géraistos[38], ils enrôlent les travailleurs de la mer. Mais nous, qui ne connaissons même pas l'Agora, comment supporterions-nous, dis-moi, de nous ranger en bataille et de nous mettre aux service d'hommes lourdement armés ? Les deux solutions sont cruelles : fuir en abandonnant femmes et enfants ou devoir exposer nos vies au double danger des armes et de la mer. Rester ne sert à rien ; il est clair que le plus utile, c'est de fuir.

Lettre 15
Nausibios (Navicole) à Prymnaios (La Poupe).

J'ignorais combien ils sont efféminés et délicats, les fils des riches Athéniens. Dernièrement, Pamphilos a loué mon petit bateau avec des amis de son âge : comme la mer était calme, il voulait faire un tour en bateau et pêcher avec nous. J'ai découvert alors tous les raffinements qu'il leur faut sur terre et en mer. Comme il ne supportait pas le bois de la barque, il s'est allongé sur des couvertures et des manteaux exotiques : il disait qu'il lui était impossible de se coucher comme les autres sur le pont du navire. Il trouvait apparemment les planches plus dures que des pierres ! Après quoi, il nous a demandé de déployer au-dessus de lui le tissu de la voile pour lui faire de l'ombre ; il prétendait qu'il était absolument incapable de résister aux rayons du soleil. Pour nous, c'est le contraire – je ne parle pas seulement de ceux qui font notre métier mais, de manière générale, de tous ceux qui n'ont pas abondance de biens : chaque fois que nous le pouvons, nous essayons de nous chauffer au soleil car nous devons nous défendre du froid autant que de la mer.

Nous avons donc navigué tous ensemble. Pamphilos n'était pas seul et n'avait pas que des compagnons avec lui : une foule de filles superbes le suivaient, toutes des musiciennes ; l'une, nommée Croumation (Musette)[39], jouait de l'*aulos*, l'autre, Ératô, pinçait les cordes de la harpe, une autre, Euépis[40], faisait résonner des cymbales. Mon bateau s'emplit donc de musique ; la mer chantait aussi, et tout était plein de joie[41]. Pourtant, je n'éprouvais aucun plaisir, car nombre de mes collègues, notamment l'amer Glaukias, plus sombre qu'un Telchine[42], me regardaient d'un œil mauvais. Mais le garçon m'a versé un large salaire et la vue de l'argent m'a épanoui ; maintenant j'aime les parties de mer qu'il organise et je voudrais voir venir un autre jeune homme riche et dépensier comme lui.

Lettre 16
Auchénios (Timonier) à Arménios (Lesagrès).

Si tu peux m'apporter ton secours, ah ! dis-le moi, je t'en prie, sans divulguer mon histoire à personne ; si tu ne peux rien pour moi, fais-moi du moins le plaisir de garder tes lèvres plus closes que celles d'un aréopagite[43]. Je vais te raconter ce qui m'arrive

L'amour s'est emparé de moi. Il m'empêche d'obéir au gouvernail de la raison ; à chaque instant, mon bon sens est submergé par la passion. Pourquoi l'amour a-t-il fondu sur un malheureux pêcheur qui se contentait de gagner de quoi se nourrir ? Pourquoi s'est-il installé au plus profond de mon être et ne me laisse-t-il aucun répit ? Je brûle comme les jeunes gens riches et élégants. Moi qui riais autrefois de ceux que le luxe rend esclaves de la passion, je suis tout entier possédé par la mienne ; je voudrais me marier à l'instant et crois voir Hyménée, le fils de Terpsichore. La jeune fille dont je suis amoureux a pour parents des métèques d'Hermionè[44] qui, je ne sais comment, ont échoué au Pirée. Je ne peux rien donner comme dot, mais je leur montrerai quel bon pêcheur je suis et, si le père n'est pas fou, je pense que je ferai un fiancé convenable.

Lettre 17
Enkymôn (Grandhoule) à Halictypos (Grondeflots).

J'ai vu au bord de la mer, au cap Sounion, un vieux filet tout abîmé ; j'ai demandé à qui il était et comment il se faisait qu'il soit là au rebut, déchiré par quelque lourde charge et, de plus, mis en lambeaux par l'usure du temps. Les gens m'ont dit qu'il t'avait appartenu voici plus de quatre ans, qu'il s'était accroché à un récif couvert par l'eau et rompu par le milieu des mailles, que depuis ce temps là, comme tu n'avais voulu ni le remettre en état ni le reprendre, il était resté là, sans que nul des habitants de l'endroit n'osât y toucher, puisqu'il ne leur appartenait pas. Il n'est pas à eux et il a cessé de t'appartenir à toi, son ancien propriétaire. Je te demande donc un objet qui, étant donné son triste état et les ravages du temps, n'est plus vraiment à toi. Tu l'avais voué à la destruction, je ne t'en prive nullement : accepte de le donner. Porte-toi bien.

Lettre 18
Halictypos (Grondeflots) à Enkymôn (Grandhoule).

Il est malveillant et jaloux, l'œil des voisins, dit le proverbe. Qu'as-tu à te soucier de mes affaires ? Et pourquoi penses-tu que ce dont je juge ne pas devoir prendre soin est ta propriété ? Bas les pattes ! Contiens tes désirs insatiables ! Que ta convoitise du bien d'autrui ne te pousse pas à demander des faveurs auxquelles tu n'as pas droit !

Lettre 19
Enkymôn (Grandhoule) à Halictypos (Grondeflots).

Je ne demandais pas ce que tu as, mais ce que tu n'as pas ; puisque tu ne veux pas qu'un autre ait ce que tu n'as pas, continue à avoir ce que tu n'as pas.

Lettre 20
Eusagènos (Bonnesenne) à Liménarchos (Capitaine du port).

Qu'il périsse, que les corbeaux le prennent, ce guetteur de Lesbos[45] ! Il a vu la mer assombrie par endroits d'un frisson et il s'est mis à crier ; il pensait qu'un banc de thons ou de bonites venait sur nous. Nous l'avons cru ; nous avons entouré presque tout le golfe avec nos filets[46]. Ensuite nous les avons amenés. Ils étaient plus lourds que lors d'une pêche habituelle. Nous étions pleins d'espoir. Nous avons appelé quelques pêcheurs du voisinage, leur promettant de partager, s'ils nous aidaient et se donnaient du mal avec nous. Pour finir, après bien des efforts, vers la fin de l'après-midi, nous avons ramené... un énorme chameau, déjà pourri, qui grouillait de vers. Voilà donc ce que j'ai pris ; si je te fais ce récit, ce n'est pas pour t'amuser, mais pour que tu saches tous les tours dont use la Fortune pour m'abattre, moi, l'infortuné[47].

Lettre 21
Euplous (Bontrajet)
à Thalasséros (Amour marin).

Tu te montes la tête, ou bien tu es fou ; j'apprends que tu es amoureux d'une joueuse de lyre et que tu vas déposer chez elle, pour ta perte, toute ta pêche de la journée. C'est Sôsias [48], le meilleur des voisins, qui m'a fait ce récit : il est de ceux qui ont le plus grand respect pour la vérité et jamais il ne se serait laissé entraîner à colporter des mensonges. Il s'agit de ce Sôsias qui mijote une sauce excellente [49], un délice, avec le fretin qu'il prend dans son filet. D'où te vient, dis-moi, ce goût pour le système musical diatonique, chromatique et enharmonique, pour reprendre le commentaire de Sôsias quand il m'a raconté l'histoire ? Tu es donc amoureux à la fois de la beauté de la fille et de son toucher musical ? Cesse de dépenser pour cela, sinon, ce sera sur terre, non sur mer, que tu feras naufrage et te perdras, corps et biens. Prends garde ! tes escales chez la joueuse de harpe risquent de devenir un vrai golfe Calydonien [50] ou une mer Tyrrhénienne [51], et ta musicienne une Scylla [52] – et tu n'as pas de Crataiis [53] à invoquer, si elle saute sur toi une deuxième fois.

Lettre 22
Thalasséros (Amour marin)
à Euplous (Bontrajet).

C'est en vain que tu me raisonnes, Euplous. Je ne saurais m'éloigner de cette personne, car j'obéis au dieu qui porte flambeau et arc pour initier à ses mystères. D'ailleurs, l'Amour nous est apparenté, puisque c'est la déesse née de la mer qui a mis au monde ce petit enfant. Éros est donc de notre famille par sa mère et il m'a frappé au cœur. Quand je possède cette jeune fille au bord de la mer, j'ai l'impression de m'unir à Panopé ou à Galatée, les plus belles des Néréides.

Livre II

Lettres de paysans

Lettre 1

Je voulais voir si les chiots sont maintenant capables de courir ; j'ai battu les broussailles et j'ai levé un lièvre. Mes fils ont détaché les chiens. Ceux-ci ont donné de la voix et failli prendre la bête, mais le lièvre, fuyant le danger, a remonté la pente et a réussi à s'introduire dans un terrier. Un des chiens, plus hardi que les autres, avait déjà la gueule ouverte et s'attendait à la refermer sur la proie : il s'est enfoncé dans le trou lui aussi, pour en ramener le petit lièvre et il s'est brisé une des pattes de devant. Ce que j'ai retiré de l'aventure, c'est un excellent chien estropié et une proie à demi dévorée ; je désirais un petit profit, et le résultat a été une grande perte.

Lettre 2
Iophôn à Érastôn (Désiré)[1].

Puisse-t-il périr et crever de male mort ce méchant coq, ce maudit, dont le chant m'a réveillé, interrompant un songe délicieux. Il me semblait, très cher voisin, que j'étais un homme en vue, un gros richard ; une foule de serviteurs m'accompagnaient et j'avais dans l'idée que c'étaient mes intendants et mes régisseurs. Il me semblait aussi que mes deux mains étaient chargées d'anneaux et portaient des pierres de grand prix ; mes doigts étaient doux et ne se souvenaient plus d'avoir tenu un hoyau. On voyait des flatteurs aux environs : Grylliôn[2] et Pataikiôn[3] paraissaient aux petits soins pour moi. Après quoi, le peuple des Athéniens, assemblé dans le théâtre, se mit à crier qu'il fallait m'élire stratège. Ils étaient en train de voter quand l'horrible coq a chanté : la vision s'est évanouie. Pourtant, j'étais encore très joyeux au réveil, mais je me suis rappelé que nous étions dans la saison de la chute des feuilles[4] et j'ai compris que mon songe n'était que mensonge.

Lettre 3
Amniôn (Lagneau) à Philomoschos (Aimeveau).

Le violent assaut de la grêle a rasé nos moissons, et à la faim nul remède. Impossible d'acheter du blé d'importation, car nous n'avons pas un sou. On me dit qu'il te reste des réserves de la récolte de l'an dernier. Prête-moi vingt médimnes[5] de grains afin que je puisse sauver ma vie, celle de ma femme et de mes enfants. Dès que nous aurons une bonne moisson, nous te les rendrons intégralement et nous t'en donnerons même davantage si la récolte est abondante. Ne laisse pas de bons voisins périr dans cette circonstance critique.

Lettre 4
Eupétalos (La Ramée) à Élatiôn (Dupin).

Puisque la terre ne récompense nullement mes efforts, j'ai décidé de me confier à la mer et aux flots. Notre vie et notre mort sont fixées par la destinée et il n'est pas possible d'échapper à ce qui doit être, même en s'enfermant dans une cabane et en montant la garde. La destinée est puissante et nul ne peut éviter ce qu'elle a décidé. La vie ne dépend donc pas des choix que nous faisons : la Fortune décide. On a vu des gens mourir très jeunes, sans avoir quitté la terre ferme, et d'autres, qui avaient pris la mer, vieillir chargés d'années. Sachant cela, je vais donc me lancer dans la navigation : je prendrai pour compagnons les vagues et les flots. Il vaut mieux rapporter du Bosphore ou de la Propontide des richesses toutes neuves que de croupir aux confins de l'Attique avec, dans la bouche, le mauvais goût de la faim et de la crasse.

Lettre 5
Agélarchidès (de Pasteur) à Pytholaos.

Quel fléau, mon noble ami, que les usuriers rapaces qu'on voit en ville. Je ne sais ce qui m'a pris : j'aurais dû venir te trouver, toi ou quelque autre de mes voisins des champs, quand j'ai eu besoin d'argent pour acheter une petite terre à Colone, mais je me suis laissé conduire par un citadin et je suis arrivé à la porte de Marpsias[6]. Là, je tombe sur un vieillard ratatiné, aux sourcils froncés, qui tenait à la main quelques vieux feuillets moisis par le temps, à demi dévorés par les punaises et par les vers. Au début, c'est à peine s'il m'adressa la parole, car il pensait sans doute qu'un salut était une dépense inutile. Mais ensuite, quand mon guide eut expliqué que j'avais besoin d'argent, il demanda : « Combien de talents ? » Comme j'étais stupéfait de l'entendre mentionner une telle somme, il se mit à cracher et l'on voyait bien qu'il était furieux. Cependant, il accepta de me faire le prêt ; il exigea une reconnaissance écrite, un lourd intérêt en plus du capital, et tout mon bien, grand Zeus ! en hypothèque. C'est un terrible fléau que ces gens qui passent leur temps à compter des jetons et à plier les doigts[7]. Ô divinités protectrices des champs, préservez-moi à l'avenir de rencontrer un loup ou un usurier !

Lettre 6
Anikètos (Invincible) à Phoibianè.

Tu me fuis, Phoibianè, tu me fuis, alors que tu viens d'emporter tout mon champ ? Ne t'ai-je pas tout donné de ce qui m'appartient ? des figues, du fromage de mes claies, un chevreau nouveau-né, une paire de coqs. Toutes les douceurs dont tu disposes ne viennent-elles pas de moi ? Ainsi, après m'avoir, comme on dit, écorcé jusqu'à la racine, tu me réduis à l'esclavage. Tu n'as nul souci de moi, alors que je brûle et me consume. Eh bien ! adieu ! va-t'en ! Supporter cette humiliation sera douloureux, mais j'y arriverai.

Lettre 7
Phoibianè à Anikètos (Invincible).

La femme du voisin venait d'être prise des douleurs de l'enfantement ; elle m'avait demandée. J'avais donc pris les instruments nécessaires à mon art et je m'apprêtais à partir, quand tu as surgi tout à coup et, me tirant violemment par le cou, tu as tenté de m'embrasser. Ne vas-tu pas cesser, horrible petit vieillard, trois fois plus âgé qu'un corbeau, d'essayer de nous séduire, nous autres filles dans notre fleur, comme si tu étais un tout jeune homme ? N'es-tu pas sans travail ? N'as-tu pas été renvoyé des champs, parce que tu t'es rendu odieux ? N'as tu pas été chassé, pour incapacité, de la cuisine et du four[8] ? Qu'as-tu donc à me regarder de ce regard languissant ? Qu'as-tu à soupirer ? Cesse, misérable singe[9], rentre en toi-même, vieillard, si tu ne veux pas que je me saisisse de toi pour te faire très mal.

Lettre 8
Dryantidas (Lachesnaie) à Chronion (Dutemps).

Ainsi, tu ne penses plus au lit conjugal, ni aux enfants que nous avons eus ensemble, ni à la vie aux champs ; tu appartiens tout entière à la ville. Tu as pris en haine Pan et les Nymphes que tu appelais Épimélides, Dryades et Naïades [10] ; tu as introduit des dieux qui sont nouveaux pour nous, en plus de tous ceux que nous avions déjà. Où dans la campagne vais-je installer tes Coliades ou tes Génétyllides [11] ? J'ai entendu encore d'autres noms de divinités, mais ils sont si nombreux que la plupart se sont enfuis de ma mémoire. Tu n'es pas dans ton bon sens, dirait-on, ma femme. Ce n'est pas raisonnable de vouloir rivaliser avec ces dames de la ville, si molles qu'elles ne tiennent pas debout. Leur visage est recouvert de plâtre et leur conduite déborde de méchanceté ; pour se farder les joues, elles emploient plus de rouge, de blanc et d'incarnat que nos peintres les plus habiles. Si tu es saine d'esprit, tu resteras telle que tu étais auparavant, quand tu te lavais à l'eau et au savon.

Lettre 9
Pratinas à Épigonos [12].

Comme midi était dans toute sa force, je choisis un pin agité par les airs, dans un endroit exposé aux brises, pour m'y abriter de la chaleur brûlante. Et, tandis que je prenais le frais avec grand plaisir, l'idée me vint d'essayer un peu de musique ; je saisis ma syrinx et la parcourus avec ma langue, faisant passer doucement un souffle léger entre mes lèvres ; alors une tendre mélodie pastorale se fit entendre à moi. Pendant ce temps, je ne sais comment, envoûtées par cette harmonie, mes chèvres arrivèrent de tous côtés ; elles m'entourèrent et, renonçant à brouter les arbousiers et l'asphodèle, elles furent tout entières à la mélodie. Et moi, au milieu d'elles, j'imitais l'enfant des Édônes, le fils de Calliopé [13]. Cette bonne nouvelle, je te la raconte, car je veux que mon ami partage mon secret : j'ai un troupeau mélomane.

Lettre 10
Callicratès à Aigôn (Chevrier).

La saison étant venue, j'ai creusé des fosses circulaires et des tranchées profondes ; je comptais y planter de jeunes oliviers et leur apporter l'eau de source qu'une dérivation m'amène du ravin voisin. Mais, sur ces entrefaites, la pluie est tombée pendant trois jours et autant de nuits. Elle a fait rouler du sommet des montagnes de véritables torrents dont le cours impétueux a charrié de la boue qui a comblé mes trous, si bien que tout est aplani : on dirait qu'il n'y a jamais eu le moindre travail. Toute trace de mes efforts a disparu. L'endroit a pris un aspect uniforme et l'on ne voit plus rien. Qui voudrait se donner encore du mal en vain et fonder de fragiles espoirs sur les travaux des champs ? Il faut que je me tourne vers un autre mode de vie. On dit que, lorsque l'on change d'activité, la Fortune elle aussi prend un nouveau visage.

Lettre 11
Sitalkès [14] à Oinopiôn (Boisvin).

Si tu tiens de ton père, mon enfant, et si tu partages mon sentiment, envoie promener ces charlatans, ces va-nu-pieds au teint jaune qui tournent autour de l'Académie, ces gens qui, ne sachant ni ne pouvant rien accomplir d'utile pour la vie, font profession de se mêler des phénomènes célestes. Laisse ces gens-là. Attache-toi aux travaux des champs : si tu te donnes du mal, tes coffres seront pleins de grains de toutes sortes, tes amphores remplies de vin et tout regorgera de bonnes choses.

Lettre 12
Cotinos (Olivier) à Trygodôros (Donne-à-boire).

La vendange est proche et je manque de paniers ; prête-moi donc ceux qui ne te servent pas : je te les rendrai sous peu. De mon côté, j'ai trop de jarres ; si tu en as besoin, prends-en sans te gêner. Tout est commun entre amis : c'est surtout aux champs que cet adage doit avoir sa place.

Lettre 13
Phyllis à Thrasônidès (de Fanfaron).

Si tu voulais cultiver les champs, Thrasônidès, te montrer raisonnable et obéir à ton père, tu pourrais offrir aux dieux du lierre, des lauriers, des myrtes et toutes les fleurs de la saison. À nous, tes parents, tu apporterais le blé que tu aurais moissonné, le vin tiré de ta treille et, après la traite, un seau plein du lait de tes chevrettes. Mais tu méprises la campagne et ses travaux, tu admires les casques à triple aigrette et tu adores les boucliers, comme un mercenaire d'Acarnanie ou du golfe Maliaque. Arrête, mon enfant ! Reviens vers nous mener une vie paisible. Le travail des champs est sûr et sans danger : il ne connaît ni bataillons, ni embuscades, ni phalanges. D'ailleurs, le temps où tu devras prendre soin de notre vieillesse est proche. Préfère donc à une existence aventureuse ce qui, de l'avis général, est la sécurité.

Lettre 14
Chairestratos [15] (Joie d'armée) à Lèrion (Sornette).

Puisses-tu crever misérablement, misérable Lèrion : tu m'as endormi avec tes boissons et ton *aulos* [16], et je suis arrivé en retard chez les gens de la campagne qui m'avaient envoyé faire des courses ; ils attendaient mon retour à l'aurore, avec la vaisselle en terre cuite que j'étais allé chercher. Mais moi, pauvre imbécile, bercé par ton *aulos*, j'ai dormi toute la nuit jusqu'au jour.

Laisse-moi, misérable ! contente-toi de séduire avec tes manigances les malheureux garçons de ton pays. Si tu t'en prends encore à moi, tu ne t'en sortiras pas sans de très grands ennuis.

Lettre 15
Eustachys (Bonépi) à Pithacniôn (Tonnelet).

Je célèbre l'anniversaire de mon fils et je t'invite à venir au festin. Ne viens pas seul, amène ta femme, tes enfants, ton homme de peine et, si tu veux, amène aussi ton chien : c'est un bon gardien, dont les aboiements puissants éloignent ceux qui en veulent à nos troupeaux ; une pareille bête mériterait bien de partager notre repas. Ce sera une fête très joyeuse. Nous boirons jusqu'à l'ivresse ; quand nous en aurons assez, nous chanterons et, si quelqu'un sait danser le *cordax* [17], il s'avancera au milieu de nous pour divertir l'assemblée. Ne tarde donc pas, très cher ; pour que les banquets de fête soient réussis, il faut s'y mettre dès le matin.

Lettre 16
Pithacniôn (Tonnelet) à Eustachys (Bonépi).

Tu es un homme sociable et un bon compagnon : tous mes vœux de bonheur, Eustachys, pour toi, ta femme et tes enfants. Mais je viens de découvrir le voleur qui m'a harcelé si longtemps, celui qui m'a dérobé le manche de la charrue et deux faux : je le tiens chez moi, en attendant que les gens du village viennent à la rescousse. J'ai préféré, étant faible et seul, ne pas porter la main sur lui : il a le regard sauvage, les sourcils pareils à des arcs, des épaules robustes et sa cuisse paraît solide. Pour moi, à force de travailler et de bêcher, je suis devenu tout efflanqué ; j'ai les mains calleuses et la peau plus fragile qu'une mue de serpent. Ma femme et mes enfants vont aller chez toi prendre part à ton festin ; quant à mon homme de peine, il est malade en ce moment. Le chien et moi, nous resterons à la maison pour surveiller ce scélérat.

Lettre 17
Napaios (Duvallon) à Crèniadès (de Lafontaine).

Tu te souviens que j'avais chargé mon âne de figues et de gâteaux de fruits secs ? Je l'ai mis à l'attache, le temps de vendre ces marchandises à l'une de mes connaissances. Ensuite, j'ai rencontré quelqu'un qui m'a conduit au théâtre, et m'a fait asseoir à une bonne place où j'ai pu profiter de différents spectacles. La plupart d'entre eux, je ne les ai pas retenus ; je ne suis guère doué pour comprendre et pour raconter. Mais il y en a un, sais-tu, qui m'a laissé bouche bée et presque sans voix. Un homme s'est avancé au milieu des spectateurs. Il a disposé un trépied et a placé dessus trois petites coupes, puis il a caché sous les coupes de petits galets blancs et arrondis comme on en trouve au bord des torrents. À un moment, il en avait caché un sous chaque coupe et, à un autre moment, je ne sais comment, il les a tous montrés sous la même coupe ; à un autre moment encore, il les a fait disparaître de sous les coupes et les a fait apparaître dans sa bouche. Ensuite, il les a avalés. Puis, faisant avancer les spectateurs les plus proches, il tirait les cailloux du nez de l'un, de l'oreille d'un autre, du crâne d'un troisième : il les a repris puis les a fait disparaître de nouveau. Voilà un très grand voleur, beaucoup plus fort que cet Eurybate d'Oichalia [18] dont on m'a parlé. J'espère qu'un pareil animal ne viendra jamais à la campagne. Personne ne pourrait l'attraper : il subtiliserait tout ce que j'ai dans la maison puis ferait disparaître même ce qu'il y a dans les champs.

Lettre 18
Eunapè (Bellecombe) à Glaukè [19].

Mon mari est parti depuis déjà deux jours : il est en ville, et notre journalier, Parménôn (Compagnie) [20], est un vrai désastre, un personnage indolent qui passe le plus clair de son temps à dormir, pendant que le loup, notre terrible voisin, guette, assoiffé de sang et de carnage : il a saisi Chionè (Blanche-Neige), la plus belle de nos chèvres, dans la pierraille et il l'a emportée. Il mange une brave chèvre qui donnait du bon lait, et moi, je n'ai que mes yeux pour pleurer. Mon mari ne sait rien de cette affaire ; s'il l'apprend, le journalier se retrouvera pendu [21] au pin tout proche et mon mari n'épargnera rien pour tirer du loup une vengeance complète.

Lettre 19
Polyalsos (Grandbois) à Eustaphylos (Bonnegrappe).

J'avais tendu un piège, avec un bout de viande attaché au trébuchet, contre ces renards de malheur. Ils attaquaient les vignes et, non contents de s'en prendre aux grains, ils arrachaient des grappes entières aux treilles. Or, on annonçait la venue du maître, un personnage terrible et aigri, qui, sur la Pnyx, ne cesse de proposer aux Athéniens des résolutions et des décrets ; la méchanceté de son caractère et l'habileté de ses paroles ont déjà conduit bien des gens devant les Onze. J'ai craint de subir moi aussi quelque malheur, avec un tel homme pour maître ; j'ai voulu attraper le renard voleur et le lui livrer. Mais l'animal n'est pas venu. En revanche, Plangôn (Poupon), le petit chien de Malte[22] que nous élevons pour l'amusement de la maîtresse, s'est laissé entraîner par sa gloutonnerie : il s'est jeté sur la viande et, sais-tu, voici deux jours qu'il est raide mort ; son cadavre commence déjà à pourrir. Ainsi, sans le savoir, pour éviter un malheur, j'en ai causé un autre. Quel pardon espérer, pour de telles fautes, de la part d'un homme aussi sévère ? Je vais fuir de toute la vitesse de mes jambes. Adieu les champs et tous mes biens ! Il est temps que je me sauve. Je ne dois pas attendre de subir mon sort, mais prendre les devants et me mettre en sûreté.

Lettre 20
Thallos (Rameau) à Pithyiscos (Sapinet).

J'aime toutes les récoltes – cueillir ses productions est la juste récompense des efforts fournis –, mais ce que je préfère, c'est extraire le miel de mes ruches. J'ai des essaims sous les rochers. J'ai détaché des rayons nouvellement formés, j'en ai d'abord offert les prémices aux dieux, et maintenant je vous en offre à vous, mes amis. Ils sont bien blancs et distillent un miel attique pareil à celui qui fleurit sur les pentes du Brilèssos[23]. Voilà donc ce que je t'envoie pour le moment ; j'espère que, l'année prochaine, je t'en donnerai d'autres, plus grands et encore plus doux.

Lettre 21
Philopoimen[24] à Moschiôn (Duveau)[25].

J'ai l'impression de nourrir un loup, avec cet abominable esclave. Il s'est jeté sur les chèvres et n'en a épargné aucune : il a vendu les unes, sacrifié les autres. À présent, il se remplit la panse de vin, dépense le reste en nourriture fine, se fait jouer de la harpe et bercer au son de l'*aulos*, se la coule douce dans les boutiques de parfums, tandis que les bergeries sont abandonnées et que les chèvres qui s'y trouvaient ont toutes disparu. Pour le moment, je ne bronche pas, pour qu'il ne voie rien venir et n'aille pas détaler. Mais si je m'empare de lui sans qu'il s'y attende et si je le maîtrise, il sera attaché par les deux pieds à de lourdes entraves qu'il lui faudra traîner, il devra s'employer à bêcher et se soumettre au hoyau et à la pioche, ce qui lui fera oublier ses goûts de luxe. Le traitement qu'il subira lui fera comprendre ce qu'était la sagesse des champs.

Lettre 22
Hylè (Laforêt) à Nomios (Pastoureau).

Tu ne cesses de descendre à la ville, Nomios ; tu refuses d'aller jeter ne serait-ce qu'un regard aux champs ; la terre est inactive, sans personne qui la travaille, et moi, seule avec la Syrienne[26], je garde la maison en m'occupant au mieux des enfants. Toi, que nous voyons grisonner, te voilà qui deviens un adolescent de la ville. J'apprends que tu passes la plus grande partie de ton temps à Skiron[27] et au Céramique où, dit-on, les fainéants gaspillent leur vie dans l'oisiveté et la mollesse.

Lettre 23
Lènaios[28] à Corydon[29].

Je venais de nettoyer l'aire et je rangeais le van, quand le maître est arrivé : il m'a vu et a loué mon zèle. Mais a surgi on ne sait d'où, ce diable, venu de Côrycos[30], l'abominable Strombichos (Tourbillon). Il a observé que je suivais le maître et que j'avais déposé ma pelisse pour travailler ; il l'a prise sous le bras et il est parti, si bien qu'en plus de la perte subie, me voici la risée de mes compagnons d'esclavage.

Lettre 24
Gémellos (Besson) à Salacônis (Pimbêche).

Pourquoi, Salacônis, méprises-tu ton maître, misérable ? N'est-ce pas moi qui, alors que tu te languissais à l'atelier, chez le savetier boiteux, t'ai enlevée, et ce, en cachette de ta mère ? Ne t'ai-je pas amenée ici comme si tu étais une fiancée, une fille épiclère [31] ? Mais toi, tu fais la fière, petite esclave à quatre sous, tu passes ton temps à ricaner et à te moquer de moi. Veux-tu bien mettre un terme, misérable, à cette arrogance ? Je vais te montrer que ton amant est ton maître ; je te forcerai à faire griller des grains d'orge dans les champs [32], et alors, l'expérience t'apprendra dans quels malheurs tu t'es jetée toi-même.

Lettre 25
Salacônis (Pimbêche) à Gémellos (Besson).

Je peux tout supporter, maître, sauf de dormir avec toi. Cette nuit, je ne m'étais pas enfuie et je n'étais pas cachée dans les buissons, comme tu l'as cru : je m'étais glissée dans le pétrin et je suis restée blottie là, cachée au creux du meuble. Et comme j'ai décidé de mettre fin à ma vie en me pendant, écoute-moi, je vais parler franchement, car l'élan qui me pousse vers la mort me libère de toute crainte. Je te hais, Gémellos. Je suis dégoûtée par ton corps tout velu qui m'inspire autant de répulsion qu'un renard ; je déteste ton horrible bouche qui exhale du plus profond de ta gorge un souffle fétide. Puisses-tu, méchant, mourir misérablement comme tu le mérites ! Va-t'en rejoindre quelque vieille paysanne aux yeux chassieux, toute fière de l'unique molaire qui lui reste, et dont le corps est frotté à l'huile de résine[33] !

Lettre 26
Orios (Dumont)[34] à Anthophoriôn (Fleury).

J'étais persuadé, Anthophoriôn, que tu étais quelqu'un de simple, un vrai paysan de la campagne, sentant le marc d'olive et respirant la poussière ; j'ignorais que tu étais un orateur plus habile que ceux qui, à l'Héliée, livrent des combats déloyaux pour les intérêts d'autrui. Récemment, tu as mené plusieurs affaires devant le chef du village et il n'y en a aucune dont tu ne te sois tiré sans remporter la victoire. Quel bonheur tu as, d'avoir une langue pareille : tu es plus éloquent qu'une tourterelle[35]. Ce sont les dieux qui te mettent sur mon chemin, comme on dit, car je suis en butte à des gens qui veulent s'approprier mes biens, et j'aime ma tranquillité, tout en sachant que, très souvent, c'est justement mon désir de ne pas avoir d'ennuis qui m'attire des ennuis.

Lettre 27
Ampéliôn (Desvignes) à Euergos (Bienfaiteur).

L'hiver est dur cette année. Personne ne peut sortir ; la neige a tout recouvert. Elle a fleuri de blanc les sommets, et même les vallons. Impossible de travailler, et pourtant c'est une honte de rester assis à ne rien faire. J'ai passé la tête hors de ma cabane ; je n'avais pas plus tôt entrouvert la porte que je vois venir, apportés par la neige, des oiseaux en bandes, merles et grives. Aussitôt, je prends de la glu dans le baquet, j'en enduis les branches des poiriers sauvages. La nuée des passereaux n'était pas encore posée que déjà tous étaient suspendus aux branches – plaisant spectacle ! –, retenus par les ailes, ou accrochés par la tête et les pattes. Je t'ai réservé ceux qui sont gras et bien en chair et je te les envoie ; il y en a vingt-cinq. Partager est une bonne chose entre gens de bien ; seuls les méchants sont chiches avec leurs voisins.

Lettre 28
Philocômos (Cherbourg)[36] à Astyllos (Delaville).

Je ne suis jamais encore descendu en ville et je ne sais pas ce que peut bien être ce qu'on nomme une cité. Je désire voir ce spectacle extraordinaire – des gens qui habitent derrière une même enceinte – et apprendre tous les autres points par lesquels une cité diffère de la campagne. Alors, si tu as l'occasion de te rendre en ville, emmène-moi avec toi. Je pense qu'il est temps pour moi d'augmenter mes connaissances, car ma lèvre supérieure commence déjà à se couvrir de poils. Or, pour m'initier aux mystères de ce lieu, quel homme serait mieux placé que toi, qui souvent circules à l'intérieur des portes ?

Lettre 29
Cômarchidès (du Maire) à Euchaitès (Bonpanache).

Je pensais l'autre jour que la truie allait bientôt mettre bas. Elle vient d'avoir ses petits et j'ai quantité de porcelets ; leur grognement est très désagréable, mais ils sont bons à manger. Je t'en donne deux ; je ne peux pas les nourrir tous, car je n'ai pas beaucoup d'orge. De plus, à la campagne, la politesse exige que ceux qui ont du superflu en fassent profiter leurs amis. C'est ainsi que nous sommes, nous, les nourrissons de notre terre chérie : des gens simples, remplis d'amour les uns pour les autres.

Lettre 30
Scopiadès (Le Guet) à Cotiôn (La Rancune).

Malédiction ! quel fléau que l'ivresse, Cotiôn ! Je me suis retrouvé dans un banquet avec des misérables – tous des ivrognes : aucun ne trouvait bon de boire avec modération. La coupe faisait sans cesse le tour des convives et ceux qui refusaient étaient condamnés à régaler les autres le lendemain, s'ils repoussaient la coupe. J'ai bu énormément ; je suis sûr que jamais auparavant je n'avais versé pareille quantité dans ma panse. Deux jours ont passé et, crois-moi, je continue à avoir la tête lourde et à roter du mauvais vin.

Lettre 31
Anthylla (Fleurette) à Coriscos (Gamin).

Apparemment, Coriscos, les cours d'eau eux-mêmes s'apprêtent à remonter vers leur source, puisque toi, qui es si loin de l'adolescence et à qui nos fils et nos filles ont déjà donné des petits-enfants, tu es amoureux d'une joueuse de cithare. Tu me tortures ; j'en ai le cœur brisé. Tu me dédaignes, moi qui partage ta vie depuis trente ans, et Parthénion (Virginie), cette infâme putain, reçoit des petits noms d'amour, elle qui a dévoré tes champs et ta personne. Les jeunes rient, mais toi tu es insensible à leur rire, pauvre vieillard, jouet d'une hétaïre !

Lettre 32
Gnathôn (Mâchoire) à Callicômidès (de Beaubourg).

Tu connais Timon [37], le fils d'Echécratès, du dème Collytos [38] ? De riche qu'il était, il a été réduit à l'indigence, pour avoir gaspillé son bien avec nous autres, parasites, et avec les hétaïres. Alors, de philanthrope il est devenu misanthrope et il a imité la haine d'Apèmantos [39] pour le genre humain. Il s'est installé dans une propriété reculée et il lance des mottes de terre sur les passants [40] pour empêcher à tout jamais quiconque de le rencontrer, tant il s'est détourné avec horreur de ses semblables. Quant aux nouveaux riches d'Athènes, ce sont des Phédons [41] et des Gniphons [42], des avares de la pire espèce. Il est temps que je change de métier et que je gagne ma vie en travaillant. Prends-moi comme journalier à la campagne ; je suis prêt à supporter n'importe quoi pour remplir mon ventre insatiable.

Lettre 33
Thalliscos (Ramille) à Pétraios (Leroc).

Nous avons la sécheresse en ce moment. Pas un nuage à l'horizon, alors qu'il nous faut de la pluie et encore de la pluie. Même les labours ont soif : on le voit à l'aridité des mottes. C'est en vain, apparemment, que nous avons sacrifié à Zeus Hyétios[43] ; il ne nous a pas écoutés et pourtant je t'assure que les habitants du village ont rivalisé pour lui faire de beaux sacrifices. Chacun a participé en fonction de ses moyens et de ce qui lui restait. L'un a offert un bélier, l'autre un bouc, l'autre les produits de ses champs, les pauvres une galette de sacrifice, et les plus pauvres encore des grains d'encens moisis, mais personne n'a offert de taureau : nous n'avons pas abondance de bétail, nous qui vivons sur le sol maigre de l'Attique[44]. Ces dépenses n'ont servi à rien. Apparemment, Zeus est occupé chez d'autres peuples ; il ne s'intéresse pas aux gens d'ici.

Lettre 34
Pratinos à Mégalotélès (Grandfrais).

Comme il nous a ennuyés, ce soldat[45] ! Ennuyés, vraiment ! Il est arrivé tard dans l'après-midi, il s'est installé chez nous pour notre malheur et ensuite il n'a cessé de nous fatiguer avec ses récits, parlant sections et phalanges, sarisses, catapultes et mantelets. Tantôt il racontait comment il a mis les Thraces en déroute après avoir frappé leur chef de son javelot, tantôt comment, avec sa lance, il a transpercé et massacré les Arméniens. Pour couronner le tout, il a amené dans la conversation les prisonniers de guerre et fait étalage des femmes que les généraux lui auraient attribuées comme prix de bravoure. Je lui ai versé à grand bruit une coupe de belle taille, je la lui ai tendue, pour guérir sa sottise, mais il l'a vidée complètement et, après celle-ci, d'autres en grand nombre et plus fortes, sans pour autant cesser de pérorer.

Lettre 35
Épiphyllis (Grappillette[46]) à Amarakinè (Marjolaine).

J'avais tressé une couronne de fleurs et j'allais la déposer sur la pierre de Phaidrias d'Alôpékè. Soudain je vois surgir devant moi une bande de jeunes insolents qui s'étaient rassemblés pour m'attaquer. La bande était aux ordres de Moschiôn (Duveau). Ce dernier n'avait cessé de m'importuner, quand j'ai perdu mon pauvre Phaidrias : il voulait m'épouser. J'avais refusé, par pitié pour mes jeunes enfants et aussi parce que j'avais sans cesse sous les yeux l'image du noble Phaidrias. Je ne savais pas que ce qui m'attendait, c'était un mariage forcé, et que j'aurais pour chambre nuptiale le fond d'un vallon. Il m'a entraînée sous le couvert, là où les arbres étaient continus et serrés. Et, à cet endroit, au milieu des fleurs et des feuilles... j'ai honte de te dire, ma chère, le traitement qu'il m'a forcée à subir. Maintenant, cette violence m'a donné un mari – malgré moi, bien sûr, mais je l'ai quand même. Il est beau de ne pas subir un sort contraire à sa volonté ; quand on n'a pas cette chance, il faut cacher son malheur.

Lettre 36
Eudicos (Juste) à Pasiôn[47].

J'ai un esclave phrygien qui ne vaut rien : c'est à la campagne qu'il s'est révélé tel. Comme je l'avais choisi et acheté à la nouvelle lune[48], je lui ai aussitôt donné le surnom de Noumènios (Nouveau Mois). Il semblait robuste et avait le regard vif ; j'étais donc fort satisfait de l'emmener, pensant l'employer dans ma propriété. Mais c'est une très mauvaise affaire. Il mange comme quatre laboureurs ; il dort autant que dormit un certain Épiménide de Crète[49], dont j'ai entendu parler par un sophiste délirant, ou autant que dura la triple nuit au cours de laquelle, dit-on, fut conçu Héraclès. Que faire ? Réponds-moi, toi le meilleur des amis et des camarades. J'ai dépensé beaucoup de bon argent pour un tel animal.

Lettre 37
Philomètôr (Aime-sa-mère)[50]
à Épiphanion (Révélation).

Par tous les dieux petits et grands, mère, abandonne un peu les tas de cailloux et la campagne ; n'attends pas ton dernier jour pour venir contempler les splendeurs de la ville. Quelles merveilles tu manques, en vérité ! les Halôa [51], les Apatouries [52], les Dionysies [53] et la fête la plus solennelle, celle des Thesmophories [54], qui se déroule en ce moment. La Montée a déjà eu lieu le premier jour ; les Athéniens observent aujourd'hui le Jeûne, et demain se dérouleront les sacrifices de Calligéneia. Si tu fais diligence et te mets en route dès l'aube, avant que n'apparaisse l'étoile du matin, tu peux participer demain au sacrifice avec les femmes d'Athènes. Viens donc, ne tarde pas, je te le demande sur ma vie et sur celle de mes frères et sœurs. Quel sort abominable que de ne pas goûter aux plaisirs de la ville avant de mourir ; cela a quelque chose de sauvage et de farouche. Pardonne, mère, cette franchise que me dicte ton intérêt. Il est beau de ne pas mettre de fausseté dans ses rapports avec les gens et particulièrement nécessaire de dire la vérité aux gens de sa famille.

Lettre 38
Euthydicos (Jugedroit) à Philiscos (Bonami).

J'avais envoyé mon fils en ville vendre le bois et l'orge, avec ordre de revenir le jour même en rapportant l'argent. Mais un délire envoyé par je ne sais quel mauvais démon l'a frappé, le métamorphosant complètement et lui faisant perdre la raison. Il a aperçu un de ces égarés que, pour leur folie furieuse, leur véritable rage, les gens ont pris l'habitude de surnommer « chiens » [55] ; à force d'imiter ces scélérats, il a vite surpassé leur fondateur. C'est un spectacle atroce, effroyable, de le voir agiter sa chevelure crasseuse, le regard effronté, presque nu sous un mauvais manteau, une pauvre besace à la ceinture et, à la main, un gourdin de poirier sauvage, sans chaussures, crasseux, un fainéant qui ne se souvient plus de la ferme, ni de nous, ses parents. Il nous renie ; il prétend que tout est engendré par la Nature et qu'on doit sa naissance au mélange des éléments, non à son père. Il est clair qu'il méprise l'argent et qu'il a horreur de l'agriculture[56]. De plus, il est complètement insensible à la honte ; il a dépouillé de son visage toute pudeur. Hélas ! chère Agriculture, le *pensoir*[57] de ces fourbes t'a rompu le cou ! J'en veux à Solon et à Dracon d'avoir jugé passibles de mort les voleurs de raisins et de n'avoir pas prévu de châtiment pour ceux qui réduisent en esclavage les jeunes et les dépouillent de leur bon sens.

Lettre 39
Dryadès (Duchêne) à Mèliônè (Fleur de Pommier).

J'ai tondu les bêtes les plus saines de mon troupeau de Décélie et je t'envoie les toisons ; celles qui étaient galeuses, je les ai données au berger Pyrrhias (Leroux)[58] pour qu'il en fasse ce qu'il veut avant qu'elles ne soient complètement gâtées par la maladie. Puisque tu as de la laine en abondance, tisse-nous des vêtements adaptés aux saisons : les habits destinés à l'été en toile fine, ceux de l'hiver plus épais, avec une trame plus serrée. Les premiers, grâce à leur légèreté, nous abriteront du soleil sans nous tenir chaud ; les seconds, étant plus lourds, écarteront le froid et nous protégeront du vent. Notre fille est en âge de se marier ; qu'elle aide donc les servantes à tisser. Ainsi, quand elle ira chez son mari, elle ne nous fera pas honte à nous, ses parents. D'ailleurs, sache-le, celles qui aiment travailler la laine et se consacrent à Erganè[59] s'instruisent en sagesse et en vertu.

Livre III

Lettres de parasites

Lettre 1
Trechédeipnos (Court-les-dîners) à Lopadecthambos (Fou-d'Assiette).

La tige du cadran solaire ne marque pas encore la sixième heure [1], et déjà, aiguillonné par la faim, je suis en grand danger de devenir tout sec. Allons, Lopadecthambos, il est temps que tu trouves une idée, ou plutôt un madrier et une corde pour nous pendre. Si nous abattions toute la colonne qui supporte cette méchante horloge [2] ou si nous inclinions la tige de manière à lui faire annoncer les heures en avance, ce serait une invention digne de Palamède [3]. Je suis, crois-moi, desséché par la faim, tout parcheminé. Et Théocharès ne s'installe pas sur le matelas avant que son serviteur ne soit venu en courant lui dire que c'est la sixième heure ; il nous faut donc un stratagème qui puisse tromper et déjouer sa stricte discipline. Il a été élevé par un pédagogue sévère et sourcilleux, il ne s'intéresse pas aux nouveautés, il est aussi raide dans ses habitudes que Lachès[4] ou Apolèxis[5] et il ne permet pas aux ventres de se remplir avant l'heure.

Lettre 2
Hectodiôctès (Cherche-midi) à Mandalocolaptès (Ronge-verrous).

Hier, en fin d'après-midi, Gorgias l'Étéoboutade[6] m'a rencontré par hasard ; il m'a embrassé affectueusement et m'a reproché de ne pas venir plus souvent chez lui. Ensuite, après avoir un peu plaisanté, il m'a dit : « Va donc, par Zeus, mon bon ami, et dans un moment, quand tu auras pris ton bain, viens chez moi avec l'hétaïre Aèdonion (Rossignolette). C'est une femme que je connais assez bien et elle habite, comme tu sais, tout près du Léôcorion[7]. J'ai préparé pour nous un repas de qualité, du poisson en tranches et des cruches pleines à ras bord de ce qu'on pourrait appeler le nectar de Mendès[8]. »

Sur ces mots, il me quitta, et moi, je courus chez Aèdonion. Mais, quand je lui expliquai chez qui elle était invitée, je faillis me trouver en grand danger. Apparemment, elle avait essuyé l'avarice et l'ingratitude de Gorgias pour la rémunérer ; sa colère était encore toute fraîche. Elle saisit vivement la marmite sur le réchaud et, pour un peu, elle me versait l'eau bouillante sur le sommet du crâne. Mais je fus plus rapide ; je bondis en arrière et j'échappai de justesse au danger. C'est ainsi qu'on nous donne en pâture des espoirs trompeurs ; nous connaissons plus d'humiliations que de plaisirs.

Lettre 3
Artépithymos (Désir de pain)
à Cnisozômos (Jus-de-rôti).

Il faut que je me pende et tu me verras sous peu un lacet autour du cou. Je suis incapable de supporter les coups de bâton [9] et autres débordements de ceux qui paient leur écot – maudits soient-ils ! – et je ne peux pas non plus maîtriser mon ventre ignoble et glouton. Il réclame et, non content de se rassasier, il veut encore des mets délicats. Mais mon visage, lui, ne tolère plus les coups continuels. Je suis en grand danger d'avoir un œil poché, poursuivi que je suis par ces coups de bâton. Aïe ! Aïe ! Quels malheurs notre ventre avide et vorace nous force à endurer ! J'ai décidé de profiter d'une table somptueuse et, ensuite, de rejeter la vie : à mon avis, la mort dans les plaisirs est préférable à une vie de souffrances.

Lettre 4
Hétoimocossos (Tête-à-claques)
à Zômecpnéôn (Renifle-sauce).

Hou là là ! Quelle journée j'ai passée hier ! Quel démon, quel *deus ex machina* m'a sauvé, au tout dernier moment, alors que j'allais rejoindre la foule des trépassés. Si par quelque bonne fortune le médecin Akésilaos (Soignemonde) ne m'avait pas aperçu, au sortir du banquet, à demi mort, ou plutôt vrai cadavre, au nombre déjà des habitants du monde souterrain, s'il n'avait pas ordonné à ses élèves de m'emporter vivement, s'il ne m'avait pas amené chez lui et forcé à vomir, s'il ne m'avait pas ouvert une veine pour me saigner abondamment, rien ne m'aurait empêché de succomber à une mort dont je n'aurais même pas eu conscience. Quel traitement ils m'ont fait subir, ces déterreurs de trésors, me forçant, chacun de son côté, à boire à l'excès et à manger plus que ne pouvait contenir le creux de mon ventre. L'un me bourrait de saucisses, l'autre poussait une grosse tranche de poisson entre mes mâchoires, un autre, ayant fabriqué un mélange, non de vin, mais de moutarde, de sauce et de vinaigre, le versait en moi comme dans une jarre. J'ai aussitôt rempli de vomi chaudrons, tonneaux et pots de chambre, si bien qu'Akésilaos lui-même se demandait avec étonnement où et comment j'avais pu trouver de la place pour tant de nourritures dégoûtantes. Mais puisqu'il est clair que les dieux sauveurs et secourables m'ont arraché à un danger certain, je vais me tourner vers le travail ; j'irai au Pirée et je gagnerai ma vie en déchargeant les marchandises dans les entrepôts. Mieux vaut nourrir son ventre avec du thym et de la farine, et être assuré de rester en vie, que savourer des gâteaux et des faisans, en craignant chaque jour une mort soudaine.

Lettre 5
Oinopnictès (Estouffe-vin) à Cotylobrochthisos (Hume-coupe).

Va, prends ta syrinx et tes cymbales et, vers la première veille de la nuit, rends-toi à l'Impasse Dorée près du Gattilier [10]. Nous pourrons nous y retrouver, puis nous enlèverons de Skiron [11] l'hétaïre Clyménè et nous la conduirons chez Thèrippidès d'Aixônè [12], le nouveau riche. Il brûle d'amour pour elle depuis longtemps et dépense des sommes considérables en pure perte. Depuis qu'elle s'est aperçue de la passion du jeune homme, elle se fait prier et minaude sans cesse ; elle reçoit des cadeaux de plus en plus nombreux, mais elle dit qu'elle ne se donnera pas à lui, s'il ne lui offre pas, en plus de l'argent, une propriété. Il est temps de nous emparer d'elle – et en employant la force, si elle résiste comme à son habitude. Nous sommes deux et nous sommes robustes : nous aurons tôt fait de l'emmener, même contre son gré. Quand Thèrippidès saura la chose et comprendra qu'il doit son bonheur à nos veilles, nous recevrons, pour prix de ce coup audacieux, de l'or en quantité et de magnifiques vêtements. De plus, nous aurons nos entrées dans sa maison dont nous pourrons user dorénavant sans problème. Peut-être même qu'il ne nous considérera plus comme des parasites mais comme des amis : ceux qui rendent service sans attendre d'être sollicités ne sont plus tenus pour des flatteurs mais pour des amis.

Lettre 6
Rhagostrangisos (Presse-grain) à Stemphylodaimôn (Esprit-du-marc).

Ma ruine est complète, crois-moi ; hier je portais de beaux vêtements et maintenant, comme tu vois, j'enveloppe ma nudité dans des haillons crasseux et en lambeaux. C'est l'abominable Pataikiôn [13] qui m'a dépouillé : grâce à son adresse à lancer les dés, il m'a volé toutes mes pièces, jusqu'aux drachmes et aux oboles (j'avais, comme tu sais, un bon tas d'argent). J'aurais dû accepter cette perte, ce qui m'aurait permis de garder la plus grande partie de mon avoir, mais je me suis laissé entraîner par le désir de revanche et la colère. J'ai tout perdu, jusqu'à mon dernier sou. Alors, j'ai engagé l'un après l'autre tous mes vêtements, et pour finir j'étais nu, je n'avais plus rien sur moi. Où aller maintenant ? Le vent du nord m'assaille cruellement et violemment ; il me transperce les flancs comme un javelot. Je devrais peut-être me rendre au Cynosarge [14] ; un des jeunes de là-bas me prendra en pitié et me donnera de quoi me couvrir. Sinon, je m'installerai près des chaudières, je me réchaufferai au feu, pauvre de moi ; pour ceux qui sont nus, la flamme et la chaleur du soleil remplacent pelisses et manteaux.

Lettre 7
Psichoclastès (Brise-miettes) à Boukiôn (Joufflu).

Hier, nous autres parasites, Strouthias (Moineau), Kynaithos (Chien-Roux) et moi, après nous être rasés et avoir pris un bain dans la piscine du Sèrangion [15], nous nous sommes mis en route, vers la cinquième heure, pour nous rendre à la propriété du jeune Chariclès, dans les faubourgs, à Ankylè. Il nous a accueillis chaleureusement car il aime rire et faire la fête ; nous l'avons amusé, ainsi que ses convives, en nous administrant des taloches à tour de rôle et en récitant des anapestes sonores, remplis de plaisanteries salées, d'une subtilité et d'une grâce purement attiques. Le banquet se déroulait ainsi, dans la joie et la bonne humeur, quand surgit on ne sait d'où Smicrinès, cet homme brutal et grincheux [16] ; il était suivi d'une foule de serviteurs qui coururent se jeter sur nous. Smicrinès frappa d'abord Chariclès sur le dos, avec son bâton recourbé ; ensuite il le gifla et l'emmena comme le dernier des esclaves. Pour nous, sur un signe de tête du vieillard, on nous lia les mains dans le dos, puis on nous administra des coups de fouet si nombreux qu'on ne pouvait les compter. Pour finir, le sauvage vieillard nous conduisit en prison et nous y laissa. Si un des membres les plus en vue du conseil de l'Aréopage, l'aimable Euthydicos (Jugedroit) [17], qui nous connaît bien et a souvent fait la fête avec nous, n'avait pas ouvert notre prison, peut-être que nous aurions été livrés au bourreau, tant ce vieillard féroce et cruel était enflammé contre nous : il a tout fait pour que nous soyons emmenés à la mort comme des meurtriers ou des sacrilèges.

Lettre 8
Gnathôn (Mandibule) à Leichopinax (Lèche-plat).

On ne fait aucun cas de nous, comme si nous étions des gens de Mégare ou d'Aigion [18]. Pour l'instant c'est Grylliôn [19] qui est en vogue et règne sur la ville : toutes les maisons lui sont ouvertes comme s'il était Cratès, le philosophe cynique de Thèbes[20]. À mon avis, il s'est procuré les services d'une vieille de Thessalie[21] ou d'une magicienne d'Acarnanie pour ensorceler les malheureux jeunes gens. Car enfin, quel agrément y a-t-il dans sa conversation ? En quoi contribue-t-il aux plaisirs de la société ? Sans doute les Charites l'ont-elles regardé avec des yeux plus favorables, pour que tous soient ainsi abusés par lui, tandis que nous devons nous estimer heureux si on nous lance des boulettes de mie[22] comme à des chiens. Mais après tout, peut-être n'est-il pas un magicien, peut-être a-t-il simplement la Fortune de son côté. Car la Fortune régit toutes les affaires humaines. L'intelligence ne sert à rien chez les hommes, c'est la Fortune qui fait tout : celui qui la rencontre est apprécié et considéré.

Lettre 9
Trapézoleictès (Lèche-table) à Psichodialectès (Discute-miette).

J'ai été affligé, mon beau Psichiôn (Miettinet), d'apprendre l'accident survenu à ton visage. Si cela s'est passé comme nous l'a raconté Leirionè (Jonquille), la petite servante de la harpiste Phyllis, à son retour du banquet, tu as soutenu une guerre et un assaut en règle, sans avoir de machine de guerre ni de tour. J'apprends que cet inverti, cet efféminé, a brisé sa coupe sur toi et que les tessons t'ont déchiré le nez et la joue droite, tandis que ton sang coulait à flots, comme l'eau qui s'égoutte des monts Géraniens[23]. Qui supportera encore ces mauvais génies qui vendent si cher la possibilité de se remplir le ventre ? Nous achetons notre subsistance au péril de notre vie et, dans notre peur de mourir de faim, nous sommes heureux de pouvoir nous rassasier, malgré les dangers.

Lettre 10
Stemphylochairôn (Exulte-marc) à Trapézocharôn (Charon-des-tables).

Quelle chance ! je me suis débrouillé comme un bienheureux ! Comment ça ? vas-tu sans doute me demander, mon bon Trapézocharôn. Je vais te l'expliquer, avant même que tu me questionnes. La cité, comme tu sais, célébrait la *couréôtis*[24]. Pour moi, j'avais été engagé pour égayer un festin et je dansais le *cordax*[25]. Les convives se provoquaient les uns les autres à boire jusqu'au moment où, les défis se poursuivant indéfiniment, une léthargie profonde s'empara du banquet ; le sommeil avait surpris tout le monde, même les serviteurs. Pour moi, je promenai partout les yeux pour voir si je pourrais dérober une pièce d'argenterie, mais elle avait été enlevée et mise à l'abri quand les convives étaient encore sobres. Alors, saisissant la nappe, je la mis sous mon bras et bondis au-dehors, si vite que dans ma fuite je perdis une de mes sandales. Regarde cette nappe : c'est un objet de prix, de la toile d'Égypte teinte avec de la pourpre d'Hermionè, un tissage d'une finesse extrême et de grande valeur. Si j'arrive à la vendre sans être pris, je t'emmènerai te régaler chez Pithacniôn (Tonnelet), l'aubergiste. Nous avons souvent supporté ensemble l'insolence des buveurs : puisque tu as partagé mes infortunes, il faut que tu sois associé aussi à mon jour de bonne fortune.

Lettre 11
Hôrologios (L'Horloge) à Lachanothaumasos (Mire-légumes).

Ô Hermès dieu du gain, et toi, Héraclès secourable, me voilà sauvé ! Nul danger ne peut plus m'atteindre ! J'avais dérobé une aiguière d'argent, propriété du riche Phanias ; j'ai pris mes jambes à mon cou (c'était le milieu de la nuit, heure sinistre) et je me suis enfui en vitesse. Mais les chiens qui gardaient la maison m'ont entouré aussitôt, de tous côtés, et ils m'ont attaqué : des bêtes terribles, à l'aboiement effrayant, des Molosses et des chiens de Cnossos[26]. Rien ne m'aurait empêché d'être déchiré par eux, comme si j'avais offensé Artémis[27], et le lendemain, pour mes funérailles, il ne serait pas même resté les bouts de mes mains et de mes pieds à ceux qui auraient eu envie de me plaindre et de s'apitoyer sur moi. Mais j'ai trouvé l'ouverture d'une conduite d'eau, qui ne s'enfonçait pas dans le sol mais restait en surface : j'y ai plongé et je m'y suis caché. Je tremble encore, le cœur me bat, tandis que je t'écris ces mots. Quand l'étoile du matin est apparue, je n'ai plus entendu leurs aboiements : on avait dû les enchaîner à la maison. Alors, j'ai couru au Pirée, j'ai trouvé un navire sicilien qui s'apprêtait à lever l'ancre et j'ai vendu l'aiguière au capitaine. Il m'a payé l'objet et me voici plein aux as. Je suis remonté du port comme un nouveau riche et l'espérance m'exalte si fort que je désire nourrir des flatteurs et entretenir des parasites, au lieu de faire le parasite, moi. Mais si je dépense cet argent que je me suis procuré, je retournerai à mon ancienne activité ; un chien qui a appris à ronger le cuir[28] n'oubliera jamais son métier.

Lettre 12
Ethéloglyptès (Veut-racler) à Mappaphanisos (Escamote-nappe).

Qu'il crève misérablement, Likymnios, l'acteur tragique ! Qu'il en perde la voix ! Il avait triomphé de ses rivaux, Critias de Cléônès[29] et Hippasos d'Ambrakia, dans les *Propompoi*[30] d'Eschyle, grâce à son timbre perçant, plus sonore que celui des autres : il rayonnait donc d'orgueil et, couronné de lierre, il offrait un banquet. J'y ai été invité. Hélas ! que de misères j'ai subies ! D'abord, on m'a enduit la tête de poix et on m'a versé de la sauce dans les yeux ; ensuite, tandis que les autres mangeaient des friandises au lait et des pains de sésame, j'ai dû ronger, en guise de gâteaux, des pierres enrobées de miel. Mais la plus insolente a été la petite putain du Céramique, Hyakinthis (Jacinthe), cette métèque qui vient de Phénéos[31] : elle a rempli de sang une vessie qu'elle m'a lancée à la figure et qui a éclaté bruyamment. Je me suis retrouvé aussitôt dans un bain de sang. Les convives ont éclaté d'un gros rire sonore, mais moi, je n'ai pas eu le salaire que je méritais pour tout ce que j'avais subi ; en échange de ces mauvais traitements, je n'ai reçu que ce que pouvait contenir mon ventre, rien de plus. Puisse-t-il ne pas voir l'année prochaine et ne pas remporter de prix, ce Likymnios ennemi des dieux ! À cause de sa voix déplaisante, j'ai décidé que nous allions, avec le chœur des flatteurs de Dionysos, le surnommer le « fausset morveux ».

Lettre 13
Capnosphrantès (Hume-fumet) à Aristomachos (Bataille-déjeuner).

Ô démon [32], toi à qui le sort m'a donné en partage, comme tu es méchant ! que tu me fais souffrir, à m'enchaîner ainsi sans trêve à la pauvreté ! Si je ne trouve personne pour m'inviter, il me faut manger du cerfeuil et des coquillages, ou ramasser de l'herbe et me remplir le ventre avec l'eau de l'Ennéacrounos [33]. Tant que mon corps résistait à la violence des coups, tant qu'il était en âge de les subir et fort de sa jeunesse, ils étaient supportables, mais maintenant, vois, je grisonne, et ce qui me reste de vie penche vers la vieillesse. Quel remède à mes maux ? C'est une corde d'Haliartos [34] qu'il me faut. Je me pendrai devant le Dipylon [35], à moins que la Fortune n'adopte un meilleur parti. Cependant, même si elle ne change pas, je ne me tordrai pas le cou avant d'avoir profité d'une table somptueuse ; il n'est plus bien éloigné, le mariage de Charitô et de Léôcratès, cette fête admirable, dont tous parlent déjà. Il aura lieu à la fin du mois de Pyanepsiôn [36] ; j'y serai forcément convié, soit le premier jour, soit le lendemain des noces.

Il faut de la gaieté et des parasites à un mariage. Sans nous, pas de fête : une assemblée de porcs, non d'êtres humains.

Lettre 14
Boucopnictès (Estouffe-bœuf) à Artopyctès (Boxe-paim).

Je ne supporte pas de voir la cruauté avec laquelle Zeuxippè, ce chameau, cette putain, traite notre jeune maître. Il dilapide pour elle non seulement son or et son argent, mais encore ses maisons et ses terres. Mais elle, rusant pour attiser encore son amour, feint d'être amoureuse d'un garçon de l'Eubée : lorsqu'elle aura épuisé les biens du jeune homme, elle pourra jeter son dévolu sur un autre. Cela me fend le cœur, de voir se perdre tout l'argent que lui ont laissé les pauvres Lysias et Phanostratè. Ce qu'ils ont amassé, obole par obole, cette horrible fille, qui est à tout le monde, le dépense en un instant. Cela me fait de la peine aussi pour le jeune homme ; lorsqu'il a hérité de cette fortune, il a montré une grande générosité à notre égard. Quant à nous, notre situation devient boiteuse elle aussi, je le vois bien : si tous les revenus de ce bon garçon tombent entre les mains de la fille, la bonne chère que nous allons faire, grands dieux ! Philèbos, comme tu sais, est un garçon simple, honnête avec les parasites que nous sommes. Ses manières sont aimables et mesurées ; il trouve plus de charme à entendre des chansons et des rires qu'à nous accabler de violences.

Lettre 15
Laimokyclôps (Glouton-cyclope) à Créolôbès (Fléau-des-viandes).

Et voilà ! J'ai vu l'Eurôtas, l'étang de Lerne et les ondes de Pirène [37], mais mon amour pour Callirrhoè [38] me fait quitter en hâte Corinthe pour Athènes. Aucun des agréments raffinés de ces lieux ne m'a charmé ; je m'apprête à les fuir pour courir vers vous. Les gens de là-bas m'ont paru désagréables. Ils n'entendent rien aux banquets ; on récolte à leur table plus d'avanies que de plaisirs. Je préfère manger des figues vertes ou de l'oseille en Attique plutôt que de récolter une fortune chez eux. Que n'inventent-ils pas ? Ils forcent les gens à boire en sautant à cloche-pied [39] ; ils servent du vin âpre et brûlant, sans le mêler à de l'eau ; ils nous jettent les os, des cartilages ou des vertèbres, comme à des chiens ; ils brisent sur nous des baguettes et, en guise de plaisanterie, ils nous cinglent avec du cuir et des lanières. Ô Athéna, déesse guerrière, protectrice de la cité, puissé-je vivre et mourir à Athènes. Mieux vaut être étendu sans vie devant la porte de Diomède ou devant celle des Cavaliers que d'endurer la félicité du Péloponnèse.

Lettre 16
Copadiôn (Petit-bout) à Eucnissos (Bon-fumet).

Ce n'est pas mon affaire ! Qu'ils fassent tout ce qu'ils veulent, Gronthôn (Pugilat) et Sardanapale, ces imprudents ! Pour moi, je ne pourrais m'associer à leur entreprise absurde, même si un oracle envoyé par le chêne de Dodone m'ordonnait de le faire. Je dois absolument me tenir en dehors de cette histoire. Ils cherchent à séduire la concubine du maître et déjà, en cela, ils ont passé les bornes ! Mais, non contents de satisfaire impudemment leurs désirs, voici qu'ils font disparaître un à un tous les objets de la maison. Peut-être leurs agissements passeront-ils inaperçus quelque temps, mais il se trouvera forcément un jour un voisin bavard ou un serviteur médisant pour révéler l'affaire, et il faudra bien qu'après le feu, le fer et toute la gamme des tortures, la ciguë ou le barathre[40] viennent mettre un terme à leurs plaisirs. Ils se lancent à corps perdu dans leur entreprise audacieuse et ils subiront un châtiment proportionné à leur conduite.

Lettre 17
Acratolymas (Gâche-vin)
à Chonocratès (Sire-des-entonnoirs).

Hier, pendant que le Carien[41] travaillait près du puits, je me suis glissé dans la cuisine. J'ai trouvé une écuelle qui contenait une sauce bien relevée, un coq rôti, ainsi qu'un pot plein de sardines et d'anchois de Mégare. J'ai fait main basse sur tout cela et j'ai détalé à la recherche d'un endroit où m'installer pour manger tranquillement tout seul. Faute de mieux, j'ai couru jusqu'au Pœcile[42], lequel pour l'heure n'était infesté par aucun de nos philosophes discoureurs. Là, j'étais en train de jouir du fruit de mes peines, quand soudain, levant le nez de mon écuelle, je vis approcher quelques-uns de ces jeunes qui fréquentent les tables de jeu. Plein de terreur, je déposai mes aliments derrière moi et me couchai à terre, cachant ce que j'avais volé et suppliant les dieux secourables de faire passer ce nuage loin de moi : je leur promis une bonne quantité des grains d'encens que je garde à la maison – je les ai volés à des sacrifices et ils sont bien moisis. Et je n'ai pas manqué mon coup : les dieux ont fait prendre aux jeunes un autre chemin. Alors, j'ai englouti en vitesse le contenu des plats, j'ai offert à un aubergiste de mes amis le pot et l'écuelle – tout ce qui restait de mon butin ! – et je m'en suis allé, mes cadeaux m'ayant fait passer pour un homme aimable et habile.

Lettre 18
Kytroleictès (Lèche-marmite)
à Patellocharôn (Charon-des-plats).

Pourquoi ces larmes ? Tu vas peut-être me le demander. Et tu voudras savoir d'où me vient ce visage meurtri et pourquoi le manteau fleuri que je porte est tout déchiré. C'est que j'ai gagné aux dés. Je n'aurais jamais dû. Qu'avais-je besoin de me mesurer avec de vigoureux jeunes gens, moi qui suis plus faible qu'eux ? Quand j'eus raflé toutes les mises, comme ils n'avaient absolument plus d'argent, ils se sont tous ensemble jetés sur moi : les uns me frappaient à coups de poing, d'autres avec des pierres, d'autres déchiraient mon manteau. Moi, je me cramponnais solidement à mes pièces, car je préférais mourir plutôt que de leur abandonner la moindre parcelle de ce que j'avais gagné. Et en vérité, pendant un certain temps, j'ai résisté vaillamment, sans plier sous les coups, sans broncher, tandis qu'ils me tordaient les doigts, tel un Spartiate subissant l'épreuve des coups devant l'autel d'Orthia[43]. Pourtant ce n'était pas à Lacédémone que j'endurais tout cela mais à Athènes, au milieu des joueurs les plus scélérats. À la fin, je perdis courage et laissai ces misérables prendre ce qu'ils voulaient. Ils fouillèrent jusqu'aux plis de mon vêtement et prirent la fuite en emportant tout ce que j'avais. Quant à moi, je me suis dit qu'il valait mieux vivre sans argent que mourir en le conservant.

Lettre 19
Autoclètos (Je-m'invite)
à Hétoimaristos (Déjeuner-prêt)[44].

La différence est mince – ou plutôt, il n'y en a pas – entre les gens ordinaires et les personnages graves qui exaltent la beauté et la vertu, je veux parler de ces hommes qui exploitent nos jeunes gens[45]. Quel banquet tu as manqué, je t'assure, quand Scamônidès a célébré l'anniversaire de sa fille. Il avait invité en foule les hommes les plus en vue à Athènes par la fortune ou la naissance, et il a cru rehausser la fête en y conviant aussi les philosophes. On a donc vu venir d'abord Étéoclès, le Stoïcien que tu connais, ce vieillard dont le menton aurait besoin d'être rasé, ce malpropre à la tête crasseuse, cet homme tout décrépit dont le front est plus ridé qu'une bourse. Il y avait aussi Thémistagoras, de l'école péripatéticienne, un personnage qui n'est pas désagréable à regarder et qui tire grande fierté de sa moustache frisée. Il y avait encore l'Épicurien Zènocratès, qui ne prend pas peu soin de ses boucles et qui est aussi très fier de l'épaisseur de sa barbe. Puis le « glorieux » (c'est le surnom que tous lui donnent), Archibios, le Pythagoricien : son visage était empreint d'une grande pâleur ; ses boucles pendaient du sommet de sa tête jusqu'à sa poitrine ; il avait une barbe pointue, assez longue, un nez recourbé, des lèvres contractées : la manière dont il serrait la bouche et la gardait bien close révélait son habitude du silence pythagoricien. Soudain, Pancratès, le Cynique, bousculant la plupart des convives, fit irruption, appuyé sur un tronc d'yeuse ; son bâton était garni de clous d'airain plantés sur le renflement des nœuds ; sa besace vide était habilement suspendue à sa ceinture pour recueillir les restes[46].

Du début à la fin du repas, les autres convives gardèrent le même maintien, ou à peu près, mais les philosophes, à mesure que le banquet s'avançait et qu'on portait des santés tandis que la coupe circulait sans cesse, montrèrent leur bizarrerie, chacun à sa manière. Étéoclès le Stoïcien, accablé par l'âge et par tout ce qu'il avait englouti, s'étendit de tout son long et se mit à ronfler. Le Pythagoricien avait rompu son silence : il chantonnait certains des *Vers dorés*[47] sur un air de musique. Le brave Thémistagoras qui, fidèle à la doctrine péripatéticienne, plaçait le bonheur non seulement dans l'âme et dans le corps, mais encore dans les biens extérieurs, réclamait plus de gâteaux et quantité de friandises variées. Zénocratès, l'Épicurien, avait pris dans ses bras la joueuse de *psaltérion*, et lui lançait des regards fondants et humides, les yeux mi-clos, déclarant qu'en cela résidait la tranquillité de la chair et la plénitude du plaisir. Quant au Cynique, ayant ouvert son manteau et le laissant traîner à terre, il commença par uriner, conformément à l'indifférence cynique ; ensuite il s'apprêta à besogner, sous les yeux de tous, la musicienne Doris, déclarant que la Nature présidait à la génération[48].

Dans ces conditions, on ne s'intéressait plus à nous, les parasites. Le spectacle et l'amusement n'étaient procurés par aucun de ceux qui avaient été invités pour cela. Pourtant, Phoibadès, le joueur de cithare, et les mimes comiques qui entouraient Sannyriôn et Philistiadès ne relâchaient pas leurs efforts, mais tout tombait à plat, rien ne retenait l'attention ; seules, les sottises des sophistes avaient du succès.

Lettre 20
Thambophagos (Fascinant-mangeur) à Kypellistès (La Coupe).

Tu fais le fier sans la moindre raison, l'orgueil t'aveugle, et tu marches, comme on dit, à la manière de Pythoclès[49] : tu quittes les dîners en emportant de la nourriture et tu gonfles chaque jour tes paniers d'une énorme quantité de restes. Tu te conduis comme le grammairien Arètadès. L'autre jour, il récitait un vers d'Homère qu'il appliquait ingénieusement à son habitude de dérober de la nourriture :

« Boire, manger, et puis... emporter quelque chose[50]. »

Cesse donc, renonce à ton insolence, triple misérable, sinon, c'est inévitable, tu te retrouveras soudain chassé de la maison et jeté dehors, tout nu.

Lettre 21
Oinolalos (Parle-vin)
à Potèriophlyaros (Cancane-gobelet).

J'avais bu plus que de raison, et je me suis moqué de Zôpyros, le père nourricier de notre jeune maître. Sans doute les plaintes de cet homme sont-elles parvenues aux oreilles du garçon, car ce dernier est devenu plus mesquin dans ses cadeaux et mesure ses dépenses avec économie. Il avait l'habitude, les jours de fête, de m'envoyer une tunique, un petit manteau ou une cape, mais, l'autre jour, pour les fêtes de Cronos[51], il m'a envoyé en guise de chaussures des sandales iphicratides[52] et il a chargé Dromon (Coureur) de me les apporter. Ce dernier me les a remises avec insolence, exigeant un salaire pour sa peine. Je mords et remords sans cesse ma langue insolente et je m'aperçois trop tard de mon erreur. Quand on répand un flot de paroles sans le contrôle de la réflexion, alors, c'est inévitable, la langue trébuche et s'égare.

Lettre 22
Halokyminos (Cumin-salé)
à Philogarélaios (Aime-saupiquet).

Je ne me soucie pas de toi, même si tu menaces de chuchoter et de forger contre moi de viles calomnies. Ce soldat du golfe Maliaque qui me nourrit pour le moment est un homme simple et noble, si loin de se montrer jaloux en matière de filles que, récemment, abordant ce sujet dans un banquet, il a dit beaucoup de mal des gens qui éprouvent ce genre de sentiments. Il soutenait que les soins de la maison et la vie respectable conviennent aux héritières et aux épouses légitimes, mais que les hétaïres doivent appartenir ouvertement à tous et être à la disposition du premier venu : nous devons en user avec les femmes qui ont choisi cette vie exactement comme nous nous servons des bains et des équipements collectifs, même si nous avons l'impression qu'ils appartiennent à une seule personne. Sache donc que ta calomnie sera vaine. Tremble, mords-toi les lèvres, comme ceux qui passent devant le Héros silencieux[53], si tu ne veux pas t'attirer quelque malheur. Car il ne s'agit pas d'un de nos jeunes gens indolents de l'Attique ; c'est un homme qui connaît les armes, un protégé d'Arès et, avec lui, peine perdue que de flatter ou de calomnier. Celui qui n'admet pas les calomnies déteste forcément ceux qui les répandent.

Lettre 23
Limentéros (Ventre-affamé)
à Amasètos (Sans-mâcher).

Je veux aller trouver un de ceux qui exposent les tablettes près du temple de Iacchos et qui prétendent interpréter les songes ; je lui verserai les deux drachmes que je possède, comme tu sais, et je lui raconterai en détail la vision que j'ai eue pendant mon sommeil. Mais il n'est pas mauvais que je te confie, à toi aussi, qui es un ami, cette vision inouïe, tellement incroyable.

Il me sembla donc, dans ce rêve, que j'étais un beau jeune homme – et pas n'importe qui : ce jeune garçon si élégant et si beau, le fils de Trôs, Ganymède. J'avais une houlette et une syrinx et ma tête était couverte d'un bonnet phrygien ; je gardais mes troupeaux sur les pentes de l'Ida. Soudain, un grand aigle fondit sur moi, avec des serres crochues, des yeux terribles, un bec recourbé ; il me saisit entre ses serres, m'arracha au rocher sur lequel j'étais assis, m'emporta dans l'air et me conduisit rapidement près des célestes séjours. J'allais toucher les portes que gardent les Heures[54], quand je fus frappé par la foudre et me mis à tomber. L'oiseau n'était plus un grand aigle céleste, mais un vautour à l'odeur fétide[55], et moi, j'étais redevenu moi-même, Limentéros ; je n'avais pas de vêtements, j'étais tout nu, comme si je m'apprêtais à aller aux bains ou à la palestre.

Tout secoué, comme tu peux l'imaginer, après pareille chute, je me suis éveillé. Je reste troublé par le caractère étrange de cette vision ; il faut que je demande le sens de ce rêve à ceux qui sont experts en la matière, si toutefois il y a des gens capables de savoir ces choses avec certitude et, dans ce cas, de parler franchement.

Lettre 24
Chascoboukès (Bâille-bœuf) à Hypnotrapézos (Table-sommeil).

Je ne suis plus retourné à Corinthe ; il m'a fallu peu de temps pour découvrir la conduite écœurante des nouveaux riches de là-bas et la misère des pauvres. La plupart des gens sortaient du bain, c'était midi, lorsque j'ai vu des adolescents spirituels et bien faits se diriger non vers leurs maisons mais vers le Craneion[56] et, plus précisément, à l'endroit où se tiennent les boulangères et les marchands de fruits. Là, ils se penchaient vers le sol. L'un ramassait des gousses de lupin, un autre examinait les coquilles des noix pour voir s'il ne restait pas à l'intérieur quelque chose à manger qui aurait échappé aux regards, un autre raclait avec ses ongles les écorces de ces grenades que nous avons l'habitude, nous autres de l'Attique, d'appeler *sidia*, à la recherche de quelques grains à récupérer, d'autres recueillaient des débris de pain déjà piétinés par de nombreuses personnes et les avalaient avec avidité.

Voilà à quoi ressemble la porte du Péloponnèse, la cité qui se trouve entre deux mers, charmante assurément, et amplement pourvue de tous les raffinements, mais dont les habitants sont désagréables et ennemis des plaisirs. On dit pourtant qu'Aphrodite, quand elle vint de Cythère et sortit de l'eau, salua l'Acrocorinthe. Mais

Aphrodite n'est peut-être la protectrice de la cité que pour les femmes ; pour les hommes, c'est la Faim.

Lettre 25
Scordosphrantès (Flaire-l'ail) à Méridas (La Portion).

Par Héraclès ! Quel mal j'ai eu à nettoyer avec du savon et de la soude de Chalastra[57] les restes gluants de la soupe d'hier qu'on a versée sur moi. Ce qui me mordait le cœur, c'était moins l'insulte que ma différence de rang avec l'insulteur. Car je suis fils d'Anthémiôn qui fut le plus riche homme d'Athènes, et d'Axiothéa, descendante de Mégaclès[58], tandis que celui qui m'a traité ainsi a un père obscur et pour mère une Barbare, une Scythe, je crois bien, ou une Colchidienne, achetée sur les marchés de la nouvelle lune[59] ; c'est ce que m'ont dit certaines de mes connaissances. Mais j'ai perdu la fortune paternelle et, dans une humble position, je dois encore m'estimer heureux si je peux me procurer la nourriture nécessaire à mon ventre. Quant à Dôsiadès, ô dieux ! il domine la Pnyx par ses harangues, il est considéré comme le premier des juges de l'Héliée et il tient les rênes du peuple – ce peuple qui fit emprisonner Miltiade, lequel avait dressé le trophée à Marathon, ce peuple qui ostracisa Aristide le Juste. Ce qui me fait le plus de peine, c'est la perte de mon nom ; mes parents avaient décidé de m'appeler Polybios (Richard), mais la Fortune a changé ce nom ; elle m'a forcé à recevoir de mes collègues le surnom de Scordosphrantès.

Lettre 26
Scordolépisos (Pelure-d'ail)
à Capparosphrantès (Flaire-câpres).

Tu vas savoir pourquoi les femmes se sont moquées de moi et pourquoi, à la fin, la vieille esclave m'a jeté ces insultes : « Dehors ! Du balai ! Tu déranges, espèce de bavard ! » Elles abritent chez elles un mystère plus sûrement gardé que ceux des deux déesses d'Éleusis et elles veulent que nous l'ignorions, alors que nous le connaissons. Ou alors, elles pensent peut-être que nous en avons entendu parler sans y ajouter vraiment foi. Mais je sais ce qui se passe et, avant peu, je vais le dire au maître ; je ne veux pas me montrer pire que les chiens qui aboient et protègent ceux qui les nourrissent.

Un galant assiège la maison, un petit jeune homme d'Élis, un de ces envoûteurs d'Olympie. Chaque jour il voit arriver chez lui de petites lettres à double page envoyées par l'épouse légitime de celui qui me nourrit, avec des couronnes à demi fanées et des pommes dans lesquelles on a mordu ; quant à ces servantes de malheur, elles sont complices, ainsi que cette vieille qui a déjà un pied dans la tombe et que tous dans la maison ont pris l'habitude d'appeler l'Empousa[60] à cause de sa complaisance à faire et à subir tout ce qu'on veut. Impossible pour moi de garder le silence ; je veux me montrer un ami, non un parasite, et d'ailleurs, j'aspire à me venger de ces femmes. Je sais parfaitement ce qui va se passer. Si l'affaire est découverte, les servantes seront mises aux fers, l'amant périra, le derrière bourré de raifort[61], et l'abominable femme subira la peine que mérite sa conduite dévergondée, à moins que Lysiclès ne soit en ce genre d'affaires plus complaisant que le bossu Poliagros[62] qui acceptait de l'argent des amants de sa femme et les laissait partir sans les punir.

Lettre 27
Philomageiros (Aime-cuisinier)
à Pinacospongisos (Éponge-plats).

Quels complots, quelles intrigues n'inventent-elles pas, ces horribles ogresses[63] ! Elles sont de connivence avec l'épouse de mon maître, et lui, Phaidrias, ne sait rien. Quatre mois après les noces, sa petite femme a mis au monde un bébé de sexe masculin ; elle a placé sur lui, avec les langes, un collier et d'autres signes de reconnaissance[64], et elle l'a donné à Asphaliôn (Sécurité), l'homme de peine, pour qu'il le porte sur les sommets du Parnès. Et nous, pendant ce temps, nous devons cacher le crime. Pour l'instant je veux bien me taire, mais le silence nourrit la rancœur. Alors, pour peu qu'elles me tourmentent, m'insultent, en me traitant de flatteur et de parasite, et ajoutent à cela leurs violences habituelles, Phaidrias apprendra ce qui s'est passé.

Lettre 28
Tourdosynagos (Rassemble-grives)
à Ephallokythrès (Attaque-marmites).

Dans sa stupidité et avec ses idées vieillottes, Criton a engagé son fils à suivre les leçons d'un philosophe. Il a pensé que l'austère vieillard qui jamais ne sourit, l'homme du Portique, était entre tous les philosophes le plus digne de diriger son enfant, pour que celui-ci apprenne certaines finesses de paroles et devienne habile à la controverse et retors. Or l'enfant s'est modelé sur le maître dans les plus petits détails. Ce ne sont pas ses paroles qu'il s'efforce d'étudier, mais bien plutôt sa vie et sa conduite. Il a vu que, le jour, son maître était grave et sombre et critiquait les jeunes gens, mais que, la nuit, il s'enveloppait la tête dans son manteau et rôdait autour des bordels. Il a rivalisé avec lui de belle manière et, depuis quatre jours, il est tombé amoureux d'Acalanthis (Chardonnerette), la fille du Céramique, avec qui je suis en excellents termes. Elle est d'accord pour l'aimer, mais elle lui résiste encore ; elle a remarqué qu'il était affolé par le désir et elle lui dit qu'elle ne se donnera pas avant que je ne l'y autorise, car elle a fait de moi le maître qui la dirige en pareille matière. Puisses-tu combler de bonheurs, Aphrodite Pandèmos, cette femme chérie ! Elle a agi comme un bon camarade (*hétairos*), non comme une hétaïre. Me voici maintenant l'objet des attentions assidues du jeune homme, il m'envoie cadeau sur cadeau. Si, avec le temps, cette source de revenus devient plus abondante, rien ne m'empêchera, quand il épousera une héritière, de rache ter Acalanthis et de la prendre pour épouse légitime. Il est juste que celle qui me fournit des moyens de vivre partage ma vie.

Lettre 29
Pèxancônos (Plante-coude) à Rhigomachos (Guerre-au-froid).

Quelle aubaine que ce navire venu d'Histria, amarré à la jetée : il a amené à Athènes un admirable négociant auprès de qui les riches et généreux Athéniens semblent pingres et mesquins, tant il ouvre grand sa bourse pour faire des cadeaux. Il ne s'est pas contenté d'un seul parasite, mais il nous a tous fait venir de la ville, et avec nous les hétaïres les plus chères, les musiciennes les plus jolies, ainsi que tous ceux, ou presque, qui se produisent sur scène – et ce n'est pas un héritage qu'il dissipe, mais des revenus gagnés en toute légalité. Il aime qu'on lui joue de la harpe et qu'on le berce au son de l'*aulos* ; il vit dans la compagnie des Charites et d'Aphrodite ; jamais il ne se montre violent. Il est des plus gracieux à voir ; sur son visage dansent les Nymphes de la mer et l'on dirait que la Persuasion repose sur sa bouche ; ses plaisanteries sont raffinées et sa parole est facile :

« Sur ses lèvres la Muse a versé le nectar[65]. »

Je peux bien m'exprimer ainsi, car il n'est pas mauvais de parler comme ceux qui fréquentent l'école, quand on vient d'Athènes où il n'y a personne qui n'ait goûté à ces connaissances.

Lettre 30
Gymnochairôn (Exulte-nu)
à Phagodaitès (Mange-festin).

Tu as vu ce qu'il m'a fait, ce maudit barbier qui a sa boutique sur la rue – je parle de cet insupportable bavard, ce bonimenteur qui expose des miroirs de Brindes [66], dresse des corbeaux apprivoisés et joue de petits airs sur ses rasoirs qu'il fait sonner comme des cymbales. J'étais allé chez lui me faire raser la barbe ; il m'accueillit aimablement, me fit asseoir sur un siège élevé, m'entoura le cou d'un linge tout neuf et promena très doucement son rasoir sur mes joues, pour enlever l'épaisseur de mon poil. Or ce fut en cela qu'il se montra fourbe et méchant ; je ne me rendis pas compte qu'il ne me rasait pas toute la figure, mais seulement par plaques, de manière à laisser mon visage hirsute à un endroit et ailleurs glabre. Je ne m'aperçus pas de sa fourberie et me rendis comme d'habitude, sans avoir été invité, chez Pasiôn [67]. Les convives, en me voyant, faillirent mourir de rire. Moi je ne comprenais pas la raison de cette hilarité, jusqu'au moment où l'un d'eux s'avança, saisit les poils qui restaient et se mit à tirer dessus. Je les ai arrachés avec un couteau de cuisine, au prix de grandes souffrances, et maintenant, je vais aller chercher un pieu de bonne taille pour en frapper le misérable sur le sommet du crâne. Les plaisanteries que font ceux qui me nourrissent, il a osé se les permettre, lui qui ne me nourrit pas.

Lettre 31
Dipsanapausilypos (Noie-sa-peine) à Placountomyôn (Ronge-gâteaux).

J'ai vu Nébris (Bichette) porter la corbeille sacrée[68]. C'est une fille aux jolis bras et aux doigts bien faits, ses regards lancent des éclairs, elle a la taille superbe, le teint splendide et ses joues rayonnent. L'amour m'a brûlé si fort que j'ai oublié qui je suis ; j'ai couru vers elle et j'ai voulu l'embrasser sur la bouche. Mais ensuite, j'ai repris mes esprits ; je voulais, m'attachant à ses pas, couvrir de baisers les traces de ses pieds. Quelle audace ! Maintenant ce ne sont plus des lupins, des fèves ou du gruau que je désire. Comment puis-je être à ce point gonflé d'orgueil et amoureux de ce qui est inaccessible ? Rassemblez-vous donc et lapidez-moi, vous tous, avant que les désirs m'aient dévoré ! Puissé-je avoir comme tombe d'amour le monceau de vos pierres !

Lettre 32
Hèdydeipnos (Doux-souper) à Aristocorax (Corbeau-du-déjeuner).

Dieux bienheureux, soyez-moi toujours favorables et bienveillants ! À quel grand danger j'ai échappé, quand ces convives trois fois maudits qui paient leur écot ont voulu vider sur moi une marmite d'eau bouillante ! Mais j'avais vu venir de loin ce qu'ils préparaient ; j'ai bondi en arrière. Eux, sans faire attention, ils ont versé l'eau et elle s'est répandue sur Bathylos, le garçon qui servait le vin. Il en est devenu chauve ; la brûlure a détaché la peau de son crâne et couvert sa nuque de cloques. Quelle est donc la divinité qui m'a secouru ? Ce sont peut-être les Dioscures Sauveurs : comme ils ont arraché Simonide, fils de Léôprépès, au banquet de Cranôn[69], ils m'ont soustrait au flot de feu.

Lettre 33
Triclinosarax (Balaie-la-salle)
à Cossotrapézos (Baffe-à-table).

J'ai révélé à Mnèsilochos de Péanie l'inconduite de son épouse mais, alors qu'il aurait dû vérifier la chose en menant une enquête subtile, le pauvre imbécile s'est fié à un serment. Sa femme l'a conduit près du Callichoron[70], le puits d'Éleusis ; elle a juré solennellement et s'est ainsi dégagée de l'accusation[71]. Il s'est laissé convaincre sans peine et il a rejeté les soupçons. Pour moi, je suis prêt à offrir ma langue bavarde à qui veut la couper avec un tesson de Ténédos[72].

Lettre 34
Limopyctès (Boxe-faim)
à Chalcokydoimos (Tumulte-bronze).

J'étais en assez bons termes avec le paysan Corydôn[73] et il aimait me plaisanter car il savait pratiquer la raillerie attique, qui est d'habitude tellement étrangère aux gens de la campagne. En le voyant, j'ai cru que ce serait une aubaine pour moi de pouvoir échapper aux soucis de la ville et m'en aller à la campagne vivre auprès d'un ami, un paysan tranquille et travailleur qui ne cherche pas à s'enrichir illégalement dans les tribunaux ni en calomniant les gens sur l'Agora, mais qui attend de la terre les fruits de son travail. Ayant donc formé ce projet, je suis devenu un familier de Corydôn. Je me suis habillé à la mode paysanne, j'ai enfilé une pelisse, saisi une pioche, et j'ai pris l'air d'un vrai fermier. Tant que je fis cela pour m'amuser, la chose fut supportable ; j'avais même le sentiment d'un grand profit, délivré que j'étais des violences, des coups de bâton et des portions inégales à la table des riches. Mais, lorsque la pratique quotidienne eut transformé ce travail en une obligation, quand il me fallut vraiment labourer, épierrer un champ, creuser des fosses et planter des arbres dans leurs trous, la vie ne fut plus tolérable ; je me repentis de ma folie et regrettai la ville. J'y retournai donc. Or, après cette longue absence, les gens ne voyaient plus en moi un homme agréable et charmant, mais un montagnard grossier et importun : toutes les maisons des riches m'étaient désormais fermées et la faim frappait à la porte de mon ventre. Alors, tout desséché par le manque de ressources, je me suis associé à des bandits de Mégare qui tendent des embuscades aux voyageurs près des rochers de Skiron[74]. Là, le crime me permet de vivre sans rien faire. Mais pourrai-je continuer ainsi sans être pris ? impossible de le savoir. Le nouveau tour qu'a pris ma vie me fait peur : en général, ce genre de changements ne mène pas à la vie, mais au trépas.

Lettre 35
Philoporos (Aime-astuce)
à Psichomachos (Guerre-aux-miettes).

Lexiphanès[75], le poète comique, a vu ma colère devant les violences des ivrognes dans les banquets. Il m'a pris à part et, pour commencer, il m'a conseillé d'abandonner une condition dont je n'ai à attendre que des mauvais traitements. Ensuite, après m'avoir fait essayer ma voix pendant quelques instants, il m'a enrôlé dans le chœur de ses comédies, car il prétend que moi aussi je peux gagner ma vie de cette manière. Il m'a donc demandé d'apprendre <...> pour qu'aux prochaines Dionysies, je prenne le costume d'un esclave et joue ce rôle dans sa pièce. Devant ce changement tardif de vie et d'habitudes, je me suis montré plutôt désagréable et mauvais élève. Mais je n'avais pas le choix. J'ai donc appris la pièce : l'exercice a amélioré mon jeu d'acteur et me voici prêt à me joindre au chœur. Pour toi, avec nos compagnons, fais retentir les applaudissements : s'il nous échappe une erreur, que les jeunes gens de la ville n'aient pas la possibilité de huer et de siffler mais que les applaudissements retentissants couvrent les murmures des railleurs.

Lettre 36
Oinochairôn (Exulte-vin)
à Rhaphanochortasos (Bourré-de-raifort).

Ceux qui ont mutilé les Hermès ou parodié les mystères d'Éleusis[76] n'ont pas eu à soutenir un aussi dur combat pour sauver leur vie que moi, quand je suis tombé entre les mains, ô dieux ! de cette maudite Phanomachè. Quand elle apprit que son mari courait après la petite Ionienne qui jongle avec des boules et fait tournoyer des torches, elle a soupçonné que j'étais l'entremetteur de cette relation ; elle a chargé les serviteurs de s'emparer de moi et m'a aussitôt fait attacher au poteau. Le lendemain, elle m'a conduit devant son père, le sévère Cléainétès, qui pour le moment occupe la première place au Conseil et que l'Aréopage regarde avec respect. Mais, lorsque les dieux veulent sauver quelqu'un, ils le retirent même du barathre[77]. Ils m'ont arraché, moi aussi, au chien à trois têtes qui, dit-on, garde les portes du Tartare. Le terrible vieillard n'eut pas plus tôt communiqué au Conseil les accusations contre moi, qu'il fut pris de fièvre et, le surlendemain, il rendit l'âme. Il est maintenant étendu sans vie, et ses gens préparent les obsèques.

Moi, je me suis enfui de toute la vitesse de mes jambes. Et me voici sauvé ! Mon âme n'a pas été emmenée par l'enfant de Maia, la fille d'Atlas[78], mes jambes et mon audace m'ont ouvert le chemin de la liberté.

Lettre 37
Thermolépyros (Gousse-de-lupin) à Ôkimôn (Basilic).

On nous a infligé un traitement atroce. Les autres ont eu de la tétine, des vulves de truie et du foie qui ressemblait à de la rosée, tandis qu'on nous a servi de la purée de légumes ; ils ont bu du vin chalybonien[79], et nous une boisson qui avait tourné à l'aigre. Ô dieux et divinités qui guidez la destinée, faites changer cette Fortune injuste ; ne maintenez pas certains hommes dans un bonheur continuel, alors que vous donnez aux autres la faim pour compagne. C'est le cours de la destinée qui décide ce genre de choses et elle nous traite injustement, nous dont la Fortune est maigre et chétive.

Lettre 38
Cônôposphrantès (Flaire-moustique)
à Ischnolimos (Famélique).

Ils s'en sont allés aux vents, les espoirs que j'avais fondés sur le jeune Polycritos. Je croyais qu'après la mort de son père, il prodiguerait largement son bien et qu'il en dépenserait la plus grande partie à faire bombance et à vivre dans les plaisirs avec nous et avec les hétaïres que leur beauté met au premier rang. Mais depuis que l'auteur de ses jours est mort, il mange une fois par jour et à une heure tardive, quand le soleil est déjà proche de son coucher. Et ses repas n'ont rien de raffiné : du pain qui vient de l'Agora et, comme accompagnement, quand il lui arrive de célébrer un jour de fête, des figues mûries sur l'arbre ou des olives cotonneuses. Mes belles espérances ont donc été trompées et je ne sais que faire. Qu'adviendra-t-il de celui qui doit être nourri, si celui qui le nourrit a besoin lui-même de quelqu'un qui le nourrisse ? Un affamé avec un autre affamé, c'est double malheur.

Lettre 39
Gémellos (Besson) à Euboulos (Bonconseil).

On avait posé devant nous un de ces gâteaux plats auxquels Gélon de Sicile [80] a donné son nom. Rien qu'à le voir j'ai eu l'eau à la bouche et le cœur réjoui, mais il fallait attendre longtemps, à cause des fruits secs qui entouraient la pâtisserie : pistaches, dattes de palmiers et noix écalées. Je lançais à tout cela des regards mauvais, j'attendais, bouche ouverte, le moment d'attaquer le gâteau. Les autres n'en finissaient pas de grignoter et la coupe faisait continuellement le tour des convives, ce qui nous forçait à différer et à traîner. Enfin, comme s'ils s'étaient donné le mot pour mettre mon désir au supplice, l'un prit une brindille pour enlever les filaments de nourriture qui s'étaient logés entre ses dents, un autre se laissa aller en arrière, plus disposé à dormir qu'à se soucier de la table, puis ils se mirent à parler entre eux. Bref, ils faisaient tout sauf entamer ce gâteau si beau, que je désirais tant. À la fin, comme il fallait s'y attendre, les dieux eurent pitié de mon ardent désir ; ils me permirent de goûter à la pâtisserie que je convoitais. Eh bien ! moi qui t'écris cette lettre, j'ai pris moins de plaisir à cette friandise que je n'ai été épuisé par la longueur de l'attente.

Lettre 40
Platylaimos (Grandgousier)
à Érébintholéôn (Lion-des-pois).

Jamais en Attique je n'avais connu d'hiver aussi terrible. Non seulement les vents nous ont assaillis, soufflant en rangs serrés, ou plutôt nous chargeant en colonnes, mais bientôt la neige est tombée dru, par bourrasques successives. Elle a d'abord caché le sol. Ensuite, ce n'était plus une couche superficielle ; elle a formé d'énormes congères en hauteur et on devait s'estimer heureux si, en ouvrant la porte de la maison, on voyait la ruelle. Je n'avais ni bois ni gros manteau ; où et comment m'en serais-je procuré ? Le froid perçant s'est insinué jusque dans la moelle de mes os. J'ai formé un projet digne d'Ulysse : courir vers les étuves et les fourneaux des bains. Mes collègues, qui se pressaient là, ne m'ont même pas laissé y pénétrer ; eux aussi étaient malmenés par la même déesse, Pauvreté. Quand j'ai compris que je ne pourrais pas entrer, j'ai couru vers les bains de Thrasylos ; je les ai trouvés vides. J'ai payé deux oboles et, m'étant concilié ainsi le gardien, je me suis réchauffé, jusqu'au moment où la glace a remplacé la neige : l'humidité qui se trouvait entre les pierres a gelé et les a soudées les unes aux autres. Quand le froid a perdu de sa rigueur, la lumière généreuse du soleil m'a montré que la sortie était libre et que je pouvais circuler de nouveau.

Lettre 41
Panlachanos (Végétarien) à Monognathios (Mandibule).

Que soient exterminés, anéantis les Clisthène et les Dracon[81]...

Lettre 42
Phrygocoilès (Ventre-esclave) à Borborozômos (Sauce-de-fange).

Subir les violences de qui vous nourrit, même si c'est odieux, c'est supportable, du moment que, pour satisfaire un ventre sans loi, on a livré son corps à ceux qui veulent l'humilier. En subir également de la part de ceux qui sont invités avec vous, c'est beaucoup plus pénible. Être insulté non seulement par eux, mais encore par des serviteurs qui les surpassent en insolence, c'est encore plus dur. Et si j'ajoute les servantes qui gloussent, qui se moquent et rient de notre infortune, alors c'est effroyable, pour parler comme Homère, et je suis désespéré. Voici ce que j'ai entendu un jour du grammairien Autochthôn et je l'ai gardé en mémoire :

« Zeus, ô père, nul dieu n'est plus cruel que toi[82]. »

Oui, elles sont funestes, ces divinités qui décident ainsi de nous. Je dois endurer dangers et souffrances, et ma condition est pour les scélérats un objet de risée.

Livre IV

Lettres d'hétaïres

Lettre 1
Phrynè[1] à Praxitèle.

... ne t'inquiète pas. Tu as achevé une œuvre magnifique : on n'en a jamais vu de semblable parmi tout ce qu'a créé la main de l'homme. Tu as installé ton hétaïre dans un sanctuaire. Je me dresse au milieu, près de ton Aphrodite et de ton Éros. Ne m'envie pas cet honneur : ceux qui nous voient louent Praxitèle et c'est parce que je suis née de ton art que les Thespiens ne me trouvent pas indigne d'être placée parmi les dieux. Une seule chose manque encore à tes bienfaits : que tu viennes nous rejoindre et que, dans le sanctuaire, nous puissions être couchés l'un avec l'autre. Nous n'infligerons aucune souillure à des dieux que avons créés nous-mêmes. Porte-toi bien.

Lettre 2
Glycéra[2] à Bacchis[3].

Mon Ménandre a voulu se rendre à Corinthe, pour assister aux concours Isthmiques[4]. Ce projet ne me plaisait pas (tu sais ce qu'il en coûte d'être privée, même peu de temps, d'un tel amant), mais je ne pouvais guère l'en détourner : il n'a pas l'habitude de s'absenter souvent. Alors qu'il s'apprête à séjourner dans ta ville, je ne peux me résoudre à le confier à tes soins, et pourtant, je ne peux pas faire autrement, dans la mesure où lui-même veut que tu t'occupes de lui. Je considère que cette situation m'honore moi aussi, en un sens : je sais l'amitié[5] qui nous lie l'une à l'autre. Mais ce qui me fait peur, ma chérie, ce n'est pas toi (ton caractère est plus honnête que ta vie), c'est lui : il est extraordinairement porté à l'amour. D'ailleurs personne, même parmi les plus sévères moralistes, ne saurait résister à Bacchis. Bien sûr, il a l'air de faire le voyage pour voir les concours Isthmiques plus que pour te rencontrer, mais je ne suis pas vraiment convaincue. Tu vas peut-être me reprocher ces soupçons. Pardonne, chérie, ma jalousie d'hétaïre ; pour moi ce serait terrible de perdre l'amour de Ménandre. De plus, si je me dispute ou me brouille avec lui, il faudra que j'essuie sur scène les sarcasmes cruels d'un Chrémès ou d'un Pheidylos[6]. Alors, s'il revient vers moi tel qu'il est parti, je t'en serai infiniment reconnaissante. Porte-toi bien.

Lettre 3
Bacchis à Hypéride[7].

Nous, les hétaïres, nous te sommes toutes reconnaissantes, et chacune individuellement, autant que Phrynè : le procès que lui a intenté l'abominable Euthias ne visait qu'elle, mais le danger nous concernait toutes. Si nous demandons de l'argent à nos amants sans en obtenir, ou si nous devons être jugées pour impiété quand nous trouvons des hommes qui nous en donnent, mieux vaut quitter ce métier, pour ne plus avoir d'ennuis et ne plus en causer à ceux qui nous fréquentent. À présent, nous ne maudirons plus notre condition d'hétaïre sous prétexte qu'Euthias s'est révélé un méchant amant ; nous en serons fières, à cause de la générosité d'Hypéride. Puisses-tu être comblé de bonheur pour ton humanité ! Tu as sauvé une hétaïre qui sera bonne pour toi et, du même coup, tu nous as toutes disposées à vouloir te récompenser en son nom. Et si tu acceptais de mettre par écrit le discours que tu as prononcé pour défendre Phrynè, alors, en vérité, nous, les hétaïres, nous t'élèverions une statue en or massif à l'endroit de ton choix en Grèce.

Lettre 4
Bacchis à Phrynè.

J'ai partagé tes inquiétudes devant le danger que tu as couru, ma chérie, mais je m'associe encore plus à ta joie : te voilà débarrassée d'un amant malfaisant, Euthias, et tu as trouvé en Hypéride un homme de bien. À mon avis, le procès a finalement été une chance pour toi : il t'a rendue célèbre à Athènes et même dans toute la Grèce. Euthias sera assez puni d'être privé de ta compagnie ; je pense qu'il a été poussé par la colère et que sa sottise naturelle lui a fait dépasser les bornes de la jalousie amoureuse. À présent, sache-le, il est plus amoureux de toi que ne l'est Hypéride. Ce dernier, c'est évident, veut être l'objet de tes soins en remerciement de son plaidoyer et il se laisse aimer, tandis que l'autre est exaspéré par l'échec de son accusation. Attends-toi de nouveau à des demandes de sa part, à des supplications et à de l'or en quantité. Mais ne va pas, ma chérie, en accueillant les prières d'Euthias, donner aux gens une mauvaise idée des hétaïres et faire passer Hypéride pour un malavisé. Ne crois pas non plus ceux qui te disent que si tu n'avais pas déchiré ta tunique et montré tes seins aux juges, l'orateur n'aurait servi à rien : même ce geste, c'est sa plaidoirie qui t'a permis de le faire au bon moment.

Lettre 5
Bacchis à Myrrhinè[8].

Puisses-tu ne jamais trouver d'amant meilleur que celui-ci, je le demande à dame Aphrodite ! Puisse Euthias, dont tu fais tant de cas en ce moment, passer toute sa vie avec toi ! Pauvre folle, cette passion pour un monstre pareil causera ta perte. À moins peut-être que tu ne sois bien sûre de ta beauté : il chérira toujours Myrrhinè, c'est évident, celui qui a pu mépriser Phrynè !

Mais sans doute que tu as voulu piquer la jalousie d'Hypéride, parce qu'en ce moment il s'intéresse moins à toi ; le voici maintenant avec une hétaïre digne de lui, et toi, tu as l'amant que tu mérites. Demande-lui donc un cadeau, à cet homme ! tu te retrouveras accusée d'avoir mis le feu à l'arsenal ou de violer les lois [9]. Sache en tout cas que nous toutes, qui honorons une Aphrodite plus généreuse, nous te détestons.

Lettre 6
Thaïs [10] à Thessalè [11].

Je n'aurais jamais cru qu'après une si grande intimité, j'aurais la moindre dispute avec Euxippè. Je ne lui reproche pas tous les services que je lui ai rendus à son arrivée de Samos, quand elle débarqua ici ; lorsque Pamphilos m'offrit de l'argent (tu sais, toi aussi, de quelle somme il s'agissait), j'ai refusé de le recevoir parce que ce jeune homme passait pour la fréquenter parfois. En échange, elle m'a joliment récompensée pour faire plaisir à cette Mégara de malheur. Celle-là, je m'en méfiais un peu, depuis longtemps, à cause de Stratôn [12]. Qu'elle dise du mal de moi ne m'a pas semblé surprenant mais, lors des Halôa [13] – nous étions toutes là, comme de juste, pour la fête de nuit –, j'ai été stupéfaite de l'arrogance d'Euxippè : elle s'est d'abord mise à glousser et à ricaner avec Mégara, montrant déjà ses mauvaises intentions, puis elle a chanté à pleine voix des couplets sur l'amant qui me délaisse. Ce n'est pas cela qui m'a fait le plus mal, mais ensuite, elle a eu l'audace de se moquer de mon rouge et de mon fard. J'ai pensé que ses affaires devaient aller bien mal pour qu'elle ne possède même pas un miroir car, si elle s'était vue, avec son teint vermillon, elle ne m'aurait pas accusée d'être laide. Mais je me soucie peu de ces filles ; ce que je veux, c'est plaire à mes amants, non à Mégara et à Euxippè, ces guenons. Je t'ai raconté cette histoire pour que tu ne me critiques pas, car je vais me venger d'elles, et ce ne sera pas à coups de railleries ou de médisances, mais par des moyens qui leur feront très mal – je me prosterne devant Némésis [14].

Lettre 7
Thaïs à Euthydème [15].

Depuis que tu t'es mis en tête de philosopher, tu es devenu bien solennel et tu as levé les sourcils plus haut que ton front [16]. L'air affecté, un petit livre à la main, tu t'avances fièrement vers l'Académie. Ma maison, tu la dépasses comme si jamais tu ne l'avais aperçue auparavant. Tu es devenu fou, Euthydème ! Ignores-tu quel genre d'individu est ce sophiste à l'air sévère, qui tient devant vous ces propos admirables ? Sais-tu depuis combien de temps il me poursuit, moi, pour avoir un rendez-vous ? Sans compter qu'il est fou d'amour pour Herpyllis, la soubrette de Mégara. À l'époque, je ne l'ai pas reçu ; je préférais dormir en te serrant dans mes bras, toi, plutôt que d'avoir l'or de tous les sophistes. Mais, puisque apparemment il te dissuade de me fréquenter, je lui ferai bon accueil et, si tu veux, je te montrerai que ce maître prétendument misogyne ne se contente pas, la nuit, de plaisirs ordinaires. Sottises que tout cela, fumée et ruine des jeunes gens, pauvre fou [17] ! Crois-tu donc qu'un sophiste soit différent d'une hétaïre [18] ? Il l'est dans la mesure peut-être où il n'use pas des mêmes moyens pour persuader, mais tous deux ne cherchent qu'une chose : se faire payer. Et comme nous sommes meilleures et plus pieuses qu'eux ! Nous ne disons pas que les dieux n'existent pas ; nous croyons nos amants quand ils jurent qu'ils nous chérissent ; nous ne trouvons pas bon que les hommes fassent l'amour avec leurs sœurs ou leurs mères, pas même avec les épouses d'autrui. Peut-être te semblons-nous inférieures aux sophistes parce que nous ignorons d'où viennent les nuées et à quoi ressemblent les atomes. Mais moi aussi, je suis allée à leur école et je me suis entretenue avec beaucoup d'entre eux. Nul ne rêve de tyrannies, quand il fréquente une courtisane, nul ne fomente de sédition dans l'État : l'homme vide la coupe du matin, il est ivre et reste bien tranquille jusqu'à la troisième ou la quatrième heure. Et l'éducation que nous donnons à la jeunesse n'est pas pire que la leur. Compare donc, je te prie, l'hétaïre Aspasie [19] et le sophiste Socrate. Demande-toi lequel des deux a formé de meilleurs disciples ; tu verras que la première a eu comme élève Périclès, et l'autre Critias [20]. Alors, rejette cette folie et cette humeur désagréable, Euthydème, mon amour ! la gravité ne sied pas à de si beaux yeux. Viens vers ta bien-aimée, comme tu l'as fait si souvent, quand tu revenais du Lycée, tout en sueur : nous boirons un peu et ensuite nous nous montrerons l'un à l'autre la belle fin qu'est le plaisir. Tu vas voir comme tu vas me trouver philosophe. La divinité ne nous donne pas une longue durée de vie ; ne la gâche pas sans t'en apercevoir en énigmes et en sornettes. Porte-toi bien.

Lettre 8
Simaliôn (Camus) à Pétalè.

Si cela te fait plaisir, ou si tu crois que cela te donne plus de prix aux yeux de certaines de tes relations, de me laisser assiéger ta porte et me lamenter auprès des soubrettes que tu envoies vers des hommes plus heureux, alors, ce n'est pas sans raison que tu te moques de moi. Cependant, sache-le, même si j'ai conscience de me faire du tort en agissant ainsi, peu de ceux que tu reçois actuellement se comporteraient comme moi, s'ils étaient négligés. Je pensais que le vin pur me consolerait et, avant-hier, j'en ai bu en quantité chez Euphronios. Je croyais chasser les angoisses de la nuit, mais c'est le contraire qui s'est produit : le vin a ravivé mon désir à tel point que j'ai pleuré et grincé des dents, suscitant la pitié des plus indulgents, tandis que les autres riaient. Il me reste un faible réconfort, une consolation qui se fane déjà : la couronne que, pendant le banquet, lors de notre triste querelle, tu m'as lancée à la tête, l'arrachant de tes propres boucles, comme pour me signifier que tu en avais assez de tout ce que je t'ai envoyé. Si cela te fait plaisir, jouis donc de mon angoisse et même, si cela peut t'être agréable, fais-en le récit à ceux qui sont en ce moment plus heureux que moi : sous peu, s'ils sont traités comme moi, ils souffriront. Prie seulement Aphrodite de ne pas te tenir rigueur de ces dédains. Un autre t'écrirait des insultes et des menaces ; moi je demande et je supplie. Car je t'aime, Pétalè, misérablement. Et si mon mal augmente, je crains bien d'imiter un de ceux que les querelles d'amour ont poussés au désespoir.

Lettre 9
Pétalè à Simaliôn (Camus).

Si seulement la maison d'une hétaïre pouvait être entretenue avec des larmes ! Je serais dans une situation éclatante, car tu m'en offres sans compter. Mais il me faut de l'or, des vêtements, des parures, des petites servantes ; toute l'organisation de ma vie dépend de cela. Je ne possède pas, moi, de bien de famille à Myrrhinos[21], ni d'intérêts dans les mines d'argent[22] ; je n'ai pour maigres revenus que les pauvres cadeaux que mes stupides amants m'apportent en soupirant. Voici un an que je te reçois, et j'en suis bien affligée : mes cheveux sont tout secs car, pendant tout ce temps, je n'ai seulement pas vu d'huile parfumée ; quant aux tissus de Tarente[23] que je porte, ils sont vieux, tout déchirés, ils me font honte devant mes amies. Que les dieux m'assistent ! De quoi vivrai-je, à ton avis, si je reste assise près de toi ? Tu pleures ? Tu cesseras bientôt. Pour moi, si personne ne m'offre rien, j'aurai faim de belle façon. Je m'étonne que tes larmes soient si peu convaincantes. Dame Aphrodite ! tu es amoureux, monsieur, à ce que tu prétends, et tu veux que ta bien-aimée te reçoive car sans elle, tu ne peux pas vivre. Mais quoi ? N'y a-t-il pas de coupes dans votre maison ? [...] Ne peux-tu mettre la main sur les bijoux de ta mère ou sur les reconnaissances de dettes que garde ton père [24] ? Heureuse Philôtis ! Les Charites l'ont regardée avec des yeux plus favorables. Quel amant, ce Ménécleidès : chaque jour il lui fait un cadeau. Cela vaut mieux que des pleurs. Moi, malheureuse, je n'ai pas un amant, mais un chanteur de lamentations ; il m'envoie des couronnes et des roses comme à la tombe d'une jeune morte, et il prétend qu'il pleure toute la nuit. Si tu m'apportes quelque chose, viens sans pleurer ; sinon, c'est toi et non moi que tu affligeras.

Lettre 10
Myrrhinè à Nikippè.

Diphilos ne s'intéresse pas à moi ; il n'a d'yeux que pour l'abominable Thessalè. Jusqu'aux fêtes d'Adonis [25], il venait me voir pour faire la fête, parfois même pour passer la nuit, mais déjà on aurait dit qu'il se faisait prier et qu'il se laissait aimer ; très souvent, il avait bu et était amené par Hélix, l'amoureux d'Herpyllis [26], qui aimait passer son temps libre chez nous. Maintenant on voit bien qu'il n'a pas l'intention d'avoir la moindre relation avec moi. Voici quatre jours que, sans discontinuer, il fait la fête dans le jardin de Lysis, avec Thessalè et Strongyliôn, lequel (maudit soit-il !), après s'être querellé avec moi, a fait l'entremetteur entre le garçon et sa bien-aimée. Les billets doux, les petites servantes que je lui ai envoyées et toutes les manœuvres du même genre ont été peine perdue. Il n'en est rien sorti de bon, j'ai même l'impression que cela a plutôt renforcé son orgueil et qu'il me méprise encore davantage. Il ne me reste plus désormais qu'à lui fermer ma porte. S'il vient un jour pour dormir avec moi, dans l'intention peut-être de rendre Thessalè jalouse, je le repousserai : l'arrogance est souvent vaincue par l'indifférence. Si, même de cette manière, je n'arrive à rien, il faudra, comme pour une grave maladie, un remède plus violent. Car c'est épouvantable d'être privée de l'argent que je tirais de lui et surtout d'être l'objet des railleries de Thessalè. Tu possèdes, dis-tu, un philtre que tu as éprouvé souvent dans ta jeunesse. C'est ce genre de secours qu'il me faut, pour balayer son immense vanité et son ivrognerie. Je vais entrer en pourparlers avec lui ; je pleurerai de manière émouvante, je lui dirai de prendre garde à Némésis, s'il continue à mépriser mon amour, j'inventerai d'autres propos du même genre. Il viendra, c'est sûr, ne serait-ce que par pitié, croyant que je brûle d'amour pour lui ; il me dira qu'il est beau de se souvenir du temps passé et de notre liaison ; il se gonflera d'orgueil, le bougre. Hélix me prêtera son aide lui aussi, car Herpyllis se déshabillera pour lui. Pourtant les philtres sont souvent risqués et peuvent conduire à la mort... Tant pis ! il faut qu'il vive pour moi ou qu'il meure pour Thessalè.

Lettre 11
Ménécleidès à Euthyclès.

Elle s'en est allée, Bacchis la belle, ô mon cher Euthyclès, elle s'en est allée, me laissant d'abondantes larmes et le souvenir d'un amour aussi amer maintenant qu'il était doux autrefois. Jamais je n'oublierai Bacchis, ce temps ne viendra pas. De quelle tendresse elle faisait preuve ! Si on la surnommait l'avocate de la cause des hétaïres, on ne se tromperait guère. Et si les hétaïres du monde entier se rassemblaient pour lui édifier une statue dans un sanctuaire d'Aphrodite ou des Charites, il me semble qu'elles feraient bien. Tous vont répétant qu'elles sont méchantes, déloyales, qu'elles ne s'intéressent qu'au profit, qu'elles appartiennent à tous ceux qui les paient, qu'elles infligent tous les maux possibles à ceux qui les fréquentent, mais elle a montré que, dans son cas, c'est une calomnie injuste, tant elle a réfuté, par son caractère, les accusations des gens.

Tu te souviens de ce Mède qui débarqua ici en provenance de Syrie ? Avec quelle suite et dans quel équipage il se pavanait ! Il lui a promis des eunuques, des servantes et des bijoux pris dans des trésors barbares. Mais, quand il venait, elle ne le laissait pas entrer : elle préférait dormir sous mon pauvre manteau, ce vêtement simple d'un homme du peuple ; satisfaite des modestes présents que je lui faisais, elle refusait ses cadeaux princiers et somptueux. Et ce marchand égyptien qui lui offrait tant d'argent, comme elle l'a envoyé promener ! On n'aurait rien pu trouver de meilleur qu'elle, je le sais bien. Quel noble caractère ! C'est un mauvais génie qui l'a poussée à faire le triste choix de cette condition. Et voici, elle s'en est allée, elle nous a quittés. Désormais elle couchera seule, Bacchis. Comme c'est injuste, Moires chéries ! Je devrais être couché avec elle, maintenant encore, comme autrefois. Mais je lui survis, je prends de la nourriture, je rencontrerai mes amis [27] – et elle ne me regardera plus de ses yeux rayonnants, en souriant ; elle ne passera plus la nuit avec moi, affectueuse et douce, à m'effleurer de si douces caresses. Quelle harmonie dans sa voix, dans ses regards ! Que de sirènes étaient établies dans sa compagnie ! Quel nectar doux et pur distillaient ses baisers ! Sur le bord de ses lèvres, je crois, siégeait la Persuasion. Elle charmait tout et, ceinte du ceste [28], avec toutes les Charites, elle accueillait Aphrodite.

Plus jamais, son babillage avant de porter des santés ; plus jamais, la lyre que faisaient résonner ses doigts d'ivoire. La voici gisante, elle, la favorite de toutes les Charites, désormais pierre silencieuse et cendres. Et Mégara est vivante, l'infâme débauchée qui a dépouillé Théagénès avec tant de cruauté que le malheureux a perdu toute sa brillante fortune : il a pris une pauvre casaque et un bouclier et s'en est allé à la guerre. Et Bacchis qui aimait son amant est morte.

Cela m'a fait du bien, de me lamenter auprès de toi, mon cher Euthyclès ; il m'est doux de bavarder et d'écrire sur elle car il ne me reste rien, sinon le souvenir. Porte-toi bien.

Lettre 12
Léaina (Lionne) à Philodèmos.

J'ai vu ton épouse aux Mystères, vêtue d'un bel habit d'été. Je te plains, par Aphrodite, malheureux ! Comme tu dois souffrir de coucher avec cette tortue ! Quel teint ! D'un rouge vermillon ! Quelles grandes boucles elle laissait pendre : elles ne ressemblaient nullement aux cheveux qu'elle a sur le sommet du crâne ! Quelle quantité de blanc elle s'est appliquée ! Et c'est à nous, les hétaïres, que les gens reprochent de nous maquiller ! Elle avait une grande chaîne : elle mérite sûrement de passer sa vie avec une chaîne (mais pas en or !) car elle a un visage de fantôme. Et quels grands pieds, comme ils sont larges et mal proportionnés ! Hou là là ! embrasser cette femme quand elle est nue, qu'est-ce que ça doit être ! Il m'a semblé aussi qu'elle avait mauvaise haleine. J'aimerais mieux dormir avec un crapaud, dame Némésis. Je préférerais regarder la Chimère en face, plutôt que <...> avec sa chaîne et ses caleçons <...>.

Lettre 13

<...> pays de son amant, disant qu'elle devait un sacrifice aux Nymphes. L'endroit se trouve à vingt stades de la ville. Il s'agit d'une sorte de prairie ou de jardin. Près de la maison, il y a un petit terrain à cultiver ; le reste est couvert de cyprès et de myrtes. C'est, ma chère, la propriété d'un amoureux, non d'un paysan.

Dès le début, notre route pour y monter fut pleine d'amusement : nous nous moquions les unes des autres, nous taquinions nos amants, les gens que nous croisions nous plaisantaient. Ce bougre de Nikias, qui revenait je ne sais d'où, nous dit :

« Que faites-vous là en troupe? De qui partez-vous boire le champ ? Bienheureux le pays vers lequel vous marchez ! Les figues y seront nombreuses[29] ! »

Pétalè le mit en fuite en se moquant de lui sans se gêner. Il se détourna en crachant, nous traita de filles impures, puis disparut. Nous continuâmes, en coupant du buisson ardent, en faisant des bouquets de branchages et d'anémones – et soudain, nous fûmes arrivées. Grâce à nos jeux, nous ne nous étions pas rendu compte que la route s'était achevée plus vite que nous ne l'avions pensé.

Aussitôt, nous nous occupâmes du sacrifice. À une faible distance de la maison, il y avait une hauteur rocheuse dont le sommet était couvert de lauriers et de platanes, avec de chaque côté des buissons de myrtes ; du lierre courait tout autour, étroitement uni à la pierre et semblant s'enlacer à elle. Une eau limpide s'en écoulait goutte à goutte. Sous la saillie de la roche se dressaient des statues de Nymphes et un Pan qui se penchait comme s'il épiait les Naïades[30]. Nous élevâmes devant les statues un autel improvisé. Ensuite, ayant placé dessus des branches et les galettes rituelles, nous offrîmes d'abord une poule blanche ; nous fîmes une libation de miel mêlé de lait ; nous brûlâmes de l'encens sur le foyer ; nous suppliâmes abondamment les Nymphes – et Aphrodite tout autant – leur demandant beaucoup de gibier d'amour.

Nous étions désormais prêtes à festoyer.

« Entrons dans la maison, dit Mélissa, et mettons-nous à table.

– Non, dis-je, je t'en prie par les Nymphes et par le dieu Pan que tu vois ! Regarde comme il est amoureux[31] : il serait bien content de nous voir faire la fête ici. Observe comme, de tous côtés, sous les myrtes, l'endroit est humide de rosée et coloré de mille façons par des fleurs délicates. Je préfère m'allonger ici sur l'herbe plutôt que là-bas sur des couvertures et des matelas raffinés. Par Zeus, les banquets en plein air, au milieu des beautés de la campagne, ont quelque chose de plus que ceux de la ville.

– Oui, oui, dirent les autres, tu as raison. »

Aussitôt nous coupâmes des branches d'yeuse et de myrte ; nous étendîmes nos manteaux dessus pour confectionner une couche improvisée. Le sol, couvert de trèfle et de renouée, était moelleux ; au centre, il y avait même quelques jacinthes et des fleurs aux couleurs variées qui offraient un spectacle de toute beauté. Perchés sur les feuillages printaniers, les rossignols gazouillaient doucement, de manière enchanteresse ; les gouttes d'eau s'écoulaient lentement de la roche qui semblait transpirer, faisant entendre un murmure délicat, bien en accord avec un banquet de printemps.

Le vin n'était pas du pays ; il venait d'Italie. Il ressemblait à celui dont tu disais que tu as acheté six jarres à Éleusis ; il était délicieux et coulait à flots. Nous avons mangé des œufs dont le blanc tremblotait comme les fesses de Thryallis, des tranches de chevreau de lait et des poulardes[32], puis des laitages variés, des gâteaux au miel, d'autres frits à la poêle (on les appelle flans et tortillons, je crois) et tous les fruits de printemps que la campagne nous prodiguait.

Après quoi, on se mit à faire circuler les coupes sans arrêt, et l'on ne fixa pas la moindre mesure [33] pour les santés qu'on portait. En général, dans les banquets où aucune norme n'est imposée, la fréquence des coupes compense leur petite taille [34] ; nous bûmes donc à de petits gobelets, mais ils se succédaient sans cesse. Croumation (Musette), la servante de Mégara, était là : elle jouait de l'*aulos* [35] ; Simmichè chantait des poèmes d'amour sur la mélodie et les Nymphes de la source se réjouissaient. Mais quand Plangôn (Poupette) se leva et se mit à danser, faisant onduler ses hanches, Pan faillit bondir du rocher pour lui saisir les fesses. Aussitôt la musique nous troubla et, comme nous étions légèrement ivres, nous eûmes l'esprit à... – tu vois ce que je veux dire. Nous caressâmes les mains de nos amants, dénouant doucement leurs doigts crispés. À la boisson de Dionysos nous joignîmes le badinage ; certaines se renversaient en arrière pour embrasser leur compagnon et se laissaient toucher les seins puis, feignant de se retourner sans y penser, pressaient leurs reins contre son aine. Déjà, nous sentions monter nos ardeurs de femmes, et il en était de même pour les hommes. Nous nous échappâmes donc et trouvâmes, non loin de là, un taillis épais, la chambre nuptiale qui convenait à notre présente ivresse. Cessant de boire, nous nous précipitâmes dans nos chambrettes sans parvenir à donner le change sur nos intentions. L'une lia des branches de myrte, les tressant comme pour s'en faire une couronne, en disant : « Regarde, ma chère, est-ce que ça me va bien ? » Une autre revint avec des boutons de violettes, s'écriant : « Comme elles sentent bon ! » Une autre tira de son giron des pommes [36] vertes et les montra en disant : « Regarde donc ça ! » Une autre chantonnait ; une autre arrachait des feuilles aux branches et les mordillait, comme pour minauder. Le plus drôle, c'est que nous nous étions toutes levées pour le même motif, mais nous voulions nous cacher les unes des autres. Quant aux hommes, ils avaient fait le tour du taillis et arrivaient par l'autre côté.

Après ces petits commerces avec Aphrodite, nous nous remîmes à boire. On aurait dit que les Nymphes ne nous voyaient plus du même œil qu'avant, alors que Pan et Priape nous contemplaient avec plus de douceur. Puis on servit de nouveau à manger : des petits oiseaux pris au filet, des perdrix, du raisin délicieux, conservé dans du marc, des râbles de levrauts. Ensuite des coquillages et des mollusques que nous avions apportés de la ville, des escargots du pays, des champignons cueillis sur les arbousiers, et les racines roboratives du panais, nappées d'une sauce au vinaigre et au miel. Après quoi, des laitues et du persil : c'est ce que nous avons préféré. Tu ne peux pas imaginer la taille de ces laitues. Le jardin était tout près et chacune de nous disait aux petites servantes :

« Va me cueillir celle-ci !

– Non, par Zeus, celle-ci est pour moi !

– Alors pas celle-ci, cette autre ! »

Certaines étaient hautes et bien feuillues, d'autres touffues, pareilles à des chevelures frisées, d'autres petites, avec une tache jaune pâle sur les feuilles – on dit qu'Aphrodite les aime[37].

Après ces disputes, nos gorges étant de nouveau altérées, nous nous mîmes à boire gaillardement, au point de ne plus vouloir nous cacher les unes des autres ni saisir à la dérobée les présents d'Aphrodite, tant les santés que nous avions portées nous avaient mises hors de nous. Maudit soit le coq du voisinage : son chant mit fin à notre ivresse.

Quant à toi, qui n'as pu partager notre ivresse, il fallait que tu profites au moins du récit de ce banquet : ce fut une fête somptueuse, exactement ce qui convenait à une réunion d'amoureux. J'ai voulu te rapporter chaque détail avec précision et je l'ai fait bien volontiers. Si tu as été réellement malade, tâche de te remettre ; mais si c'est pour attendre la venue de ton amant que tu restes chez toi, tu as tes raisons. Porte-toi bien.

Lettre 14
Mégara[38] à Bacchis.

Tu es la seule à avoir un amant que tu aimes tellement que tu ne peux pas le quitter un instant. Quel caractère déplaisant, dame Aphrodite ! Alors que Glycéra t'a invitée au sacrifice si longtemps à l'avance (elle a lancé les invitations dès les Dionysies[39]), tu n'es pas venue et c'est à cause de lui, je suppose, que tu ne supportes même plus de voir tes amies. Tu es devenue vertueuse et tu chéris ton amant – félicitations pour ta belle réputation ! Nous, bien sûr, nous sommes des putains, des dévergondées. Philon lui aussi eut son bâton en bois de figuier[40]. Je suis très fâchée, oui, par la Grande Déesse.

Nous étions toutes rassemblées, Thessalè, Moscharion, Thaïs, Anthrakion, Pétalè, Thryallis, Myrrhinè, Chrysion, Euxippè – même Philouménè, qui vient pourtant de se marier et qui est surveillée jalousement : elle a mis au lit son beau mari et elle est venue, tard sans doute, mais elle est venue. Tu es la seule qui sois restée à cajoler ton Adonis, de crainte peut-être que, si tu le laissais, toi, son Aphrodite, Perséphone ne te le prenne.

Quel banquet nous avons eu ! (Pourquoi, en effet, ne pas exciter tes regrets ?) Que de plaisirs ! Chants, quolibets, beuveries jusqu'au chant des coqs, parfums, couronnes, friandises. Nous étions allongées à l'ombre de lauriers. Rien ne nous a manqué, excepté ta présence. Nous avons déjà fait la fête souvent, mais rarement de manière si plaisante. Ce qui nous a le plus amusées, c'est une terrible compétition qui opposa Thryallis et Myrrhinè, à propos de leurs fesses, pour savoir laquelle des deux pourrait montrer les plus belles et les plus douces. Myrrhinè, d'abord, délia sa ceinture (elle avait une petite tunique en soie) ; elle se trémoussa sous la tunique et fit onduler ses hanches qui ballottaient comme du flan au miel ; elle se retournait pour regarder le mouvement de ses fesses et soupirait doucement comme si elle était en train de faire l'amour – et moi, par Aphrodite, j'étais toute troublée. Mais Thryallis ne s'avoua pas vaincue ; elle la surpassa même en indécence. « Je ne vais pas lutter derrière un voile, dit-elle, ni faire la prude. Ce sera comme au gymnase ; la compétition ne souffre pas les feintes. » Elle quitta sa petite tunique et, creusant légèrement les reins : « Regarde la couleur de ma peau, Myrrhinè, comme elle est fraîche, pure, limpide ! et cette nuance rosée des hanches ! et la courbe des cuisses, ni trop grasse, ni trop maigre ! et ces fossettes, au sommet ! » Elle ajouta, avec un petit sourire : « Et ça ne tremble pas comme celles de Myrrhinè ! » Elle remua les fesses en un déhanchement si ample, les faisant tournoyer au dessus des reins, comme si elle ondulait, que nous applaudîmes toutes et déclarâmes que la victoire allait à Thryallis. Il y eut aussi des comparaisons de hanches et des concours de seins <...> mais aucune de nous n'osa confronter son ventre à celui de Philouménè : elle n'a pas eu d'enfant et elle est dans toute sa fraîcheur.

Nous avons donc veillé toute la nuit. Nous avons dit du mal de nos amants, nous avons prié les dieux de nous en donner d'autres – un nouvel amour est toujours plus agréable. Nous étions ivres quand nous sommes parties. Nous avons bu de nouveau en chemin ; notre joyeuse bande est entrée chez Deximachos, sur l'Impasse Dorée, car nous descendions vers le Gattilier[41], près de la maison de Ménéphrôn. Thaïs aime ce garçon à la folie et, par Zeus, elle a raison : il vient d'hériter d'un père très riche.

Pour cette fois, nous te pardonnons de nous avoir dédaignées, mais aux fêtes d'Adonis, nous dînons dans le Collytos[42] chez l'amant de Thessalè ; c'est elle qui est chargée d'habiller le bien-aimé d'Aphrodite[43]. Tâche de venir avec un jardin[44] et une poupée ; amène aussi ton

Adonis, celui que tu cajoles en ce moment, car nous boirons avec nos amants. Porte-toi bien.

Lettre 15
Philouménè à Criton.

Pourquoi te fatigues-tu à écrire ? Ce qu'il faut, c'est cinquante pièces d'or ; de lettre, nul besoin. Si tu es amoureux, paie ; si tu es avare, ne m'importune pas. Porte-toi bien.

Lettre 16
Lamia à Démétrios[45].

Cette liberté que je prends, c'est à toi que je la dois – toi, un si grand roi, qui pourtant donnes même à une hétaïre la permission de t'écrire, toi qui ne trouves pas déplacé de prendre les lettres d'une femme que tu prends tout entière. Pour moi, seigneur Démétrios, chaque fois que je te contemple et que j'entends ta voix en public, avec tes gardes, tes armées, tes ambassadeurs et tes diadèmes, par Aphrodite, je frémis et je prends peur, je suis troublée et je détourne le regard comme devant le soleil, de peur d'avoir les yeux brûlés, et alors, j'ai l'impression d'avoir vraiment devant moi Démétrios Poliorcète, le preneur de cités : quels regards tu lances ! comme ils sont durs et guerriers ! Je doute de moi-même et je me dis : « Lamia, est-ce bien toi qui couches avec cet homme ? Est-ce toi qui, toute la nuit, le berce avec ton *aulos* ? Est-ce vraiment à toi qu'il vient d'envoyer un message ? Est-ce à toi qu'il compare l'hétaïre Gnathaina[46] ? » Je reste silencieuse et confuse, demandant aux dieux de me permettre de te contempler chez moi. Quand tu arrives, je me prosterne devant toi. Mais lorsque tu m'as enlacée et embrassée très fort, je me dis au contraire : « Est-ce bien lui, le preneur de cités ? Est-ce lui qui commande aux armées ? Est-ce vraiment lui que craignent la Macédoine et la Grèce et la Thrace ? Aujourd'hui, par Aphrodite, c'est moi qui vais l'assiéger avec mon *aulos* et je verrai comment il va me traiter.. »

<...> ou plutôt après-demain, car tu dîneras avec moi, je t'en prie, pour la fête d'Aphrodite. Je la célèbre tous les ans, et je me mets chaque fois au défi de surpasser la fête précédente. Je te recevrai d'une manière digne d'Aphrodite, avec toutes les séductions possibles, si tu m'en donnes les moyens. Jamais, depuis cette nuit sacrée, je n'ai rien fait d'indigne de tes bontés, bien que tu me permettes de disposer de mon corps comme je veux. J'en dispose honnêtement ; je n'ai pas de rapports avec d'autres hommes. Je ne ferai pas l'hétaïre et je ne mentirai pas, maître, comme les autres : depuis cette date, je le jure par Artémis, il n'y a plus beaucoup d'hommes qui m'ont envoyé des messages ou qui ont essayé de m'approcher, car ils respectent les cités que tu as assiégées et conquises

Éros est rapide, ô mon roi, pour venir mais aussi pour s'envoler ; l'attente lui donne des ailes, mais en général, dès qu'il n'a plus rien à attendre, il perd ses plumes et c'en est fait de lui[47]. C'est pourquoi le grand art des hétaïres consiste à différer sans cesse le moment de la jouissance et à retenir leurs amants par l'attente qu'elles leur imposent (avec toi, je n'ai pas cette possibilité de différer et je redoute la satiété). Bref, nous devons être occupées, ou indisposées, ou encore chanter, jouer de l'*aulos*, danser, préparer le dîner, décorer la maison, créant ainsi des obstacles à des relations qui, sinon, se faneraient sûrement très vite. De tels atermoiements sont destinés à enflammer les âmes de nos amants, qui deviennent semblables à du bois sec : ils craignent sans cesse qu'un nouvel empêchement ne vienne contrarier le bonheur de l'heure présente.

Ces manèges et ces artifices, je pourrais peut-être en user avec d'autres, ô mon roi. Mais avec toi qui maintenant m'aimes au point de me montrer aux gens et de me célébrer devant les autres hétaïres comme la première de toutes, non ! par les Muses chéries, je ne supporterais pas de feindre. Je n'ai pas un cœur de pierre et, si je devais renoncer à tout, même à ma propre vie, pour te plaire, je penserais que ce n'est pas payer trop cher.

Je sais bien que les gens parleront du faste de cette réception non seulement dans la maison de Thèrippidiôn, où je vais te préparer ce repas de fête d'Aphrodite, mais dans toute la cité d'Athènes, par Artémis, et dans toute la Grèce. Les détestables Lacédémoniens, en particulier, voudront passer pour des hommes, ces renards d'Éphèse [48] ; sur les hauteurs désolées de leur Taygète, ils ne cesseront de critiquer notre dîner et d'invoquer les lois de Lycurgue contre ta générosité. Laisse-les dire, seigneur. Souviens-toi seulement de me réserver le jour du repas, à l'heure de ton choix : la meilleure sera celle qui te plaira. Porte-toi bien.

Lettre 17
Léontion[49] à Lamia.

Il n'y a rien de plus difficile à contenter, apparemment, qu'un vieillard qui vient de se remettre à faire le jeune homme. Quel traitement il me fait subir, cet Épicure de malheur ! il critique tout, il soupçonne tout, il m'écrit des lettres indéchiffrables et me chasse de son Jardin[50]. Non, par Aphrodite, même si c'était Adonis (et il a déjà presque quatre-vingts ans !), je ne supporterais pas ce pouilleux, cet éternel malade, tout enveloppé de toisons brutes en guise de lainages. Combien de temps encore tolérera-t-on ce philosophe ? Qu'il garde ses *Opinions principales sur la Nature* et ses *Règles*[51] biscornues, et qu'il me laisse, moi, maîtresse de moi-même, comme le veut la Nature, sans colère ni violence[52]. C'est à un véritable siège qu'il me soumet, et il ne ressemble pourtant pas à ton Démétrios, Lamia. Est-ce qu'avec un pareil personnage on peut vivre vertueusement ? Il veut imiter Socrate, faire des phrases à tout propos et même pratiquer l'ironie ; il tient Pythoclès[53] pour une sorte d'Alcibiade et il croit que je jouerai Xanthippe. Mais voici comment cela va finir : je m'en irai n'importe où, je fuirai de terre en terre plutôt que de supporter ses lettres interminables.

Le plus terrible de tout, l'acte le plus intolérable, c'est ce qu'il vient d'oser – c'est à ce propos que je t'écris : j'ai besoin d'un conseil pour savoir ce que je dois faire. Tu connais Timarchos, ce beau garçon de Kèphisia ? Je ne nie pas que j'ai des rapports intimes avec ce jeune homme depuis longtemps. Tu as droit à la vérité, Lamia : ma première leçon d'amour ou presque, je l'ai reçue de lui ; il m'a pris ma virginité, quand j'habitais près de chez lui. Depuis, il n'a cessé de m'envoyer toutes sortes de cadeaux : vêtements, bijoux, servantes et serviteurs venus de l'Inde. Je n'en dis pas plus ; dans les moindres choses, il devance les saisons pour que personne ne puisse goûter les primeurs avant moi. Or à propos d'un pareil amant, voici ce que me dit Épicure : « Ferme-lui la porte ; qu'il n'approche pas de toi. » Et tu ne peux imaginer de quels noms il le traite : on ne dirait pas un citoyen de l'Attique ni un philosophe <...> plutôt un homme de Cappadoce, qui vient pour la première fois en Grèce. Pour moi, toute la cité d'Athènes ne serait-elle peuplée que d'Épicures, par Artémis, à eux tous ils ne feraient pas le poids contre le bras de Timarchos, même pas contre son doigt.

Qu'en dis-tu, Lamia ? N'est-ce pas vrai ? Mes paroles ne sont-elles pas justes ? Je t'en prie par Aphrodite, ne va pas penser : « C'est un philosophe, il est célèbre, il a beaucoup d'amis. » Qu'il prenne ce que j'ai ; ses leçons, qu'il les donne à d'autres. La gloire ne m'intéresse pas ; ce que je veux, Déméter, c'est Timarchos, donne-le moi.

À cause de moi ce garçon a été obligé de renoncer à tout : au Lycée, à sa jeunesse, à la compagnie des autres éphèbes, à ses amis [54], pour vivre avec cet homme, le flatter et chanter ses *Opinions* pleines de vent. Or cet Atrée lui dit : « Va-t'en, c'est ma chasse gardée ; n'approche pas de Léontion ! » Comme s'il n'était pas plus juste que ce soit l'autre qui lui dise : « Toi plutôt, n'approche pas de mon amie ! » Mais Timarchos, qui est pourtant jeune, tolère le vieux rival, venu après lui, alors que ce dernier ne supporte pas celui qui a plus de droits que lui.

Que faire ? dis-moi, Lamia, je t'en supplie par les dieux. J'en atteste les Mystères : aussi vrai que je souhaite la fin de ces malheurs, à la seule pensée d'être séparée de Timarchos, j'ai été glacée d'épouvante ; mes doigts et mes pieds se sont couverts de sueur et j'ai eu le cœur tout retourné. Je t'en prie, loge-moi chez toi pendant quelques jours et je m'arrangerai pour que cet homme comprenne quel était son bonheur quand il m'avait dans sa maison. Il ne supporte plus la souffrance, je le sais bien ; il nous enverra aussitôt en ambassade Metrodôros, Hermarchos et Polyainos [55]. Tu ne peux imaginer, Lamia, combien de fois je l'ai pris à part pour lui dire : « Que fais-tu, Épicure ? Ne sais-tu pas que Timocratès, frère de Mètrodôros, tourne ton attitude en ridicule dans les assemblées, les théâtres et auprès des autres sophistes ? » Mais que peut-on faire avec cet homme ? Il étale son amour sans pudeur. Eh bien ! je l'imiterai. Et je ne laisserai pas mon Timarchos. Porte-toi bien.

Lettre 18
Ménandre à Glycéra.

Je te le jure par les déesses d'Éleusis, par leurs mystères que, devant elles, j'ai si souvent invoqués, Glycéra, quand j'étais seul avec toi : je ne cherche pas à me glorifier et ce n'est pas non plus parce que je désire être séparé de toi que je t'adresse et t'écris ce qui suit.

Quel plaisir en effet pourrais-je avoir sans toi ? Et de quoi pourrais-je me glorifier davantage que de ton amour ? Grâce à tes manières et à ton caractère, même notre extrême vieillesse me semblera toujours de la jeunesse. Puissions-nous passer ensemble nos belles années, puis vieillir ensemble et, par les dieux, mourir ensemble – mais en ayant conscience, Glycéra, que nous mourons ensemble, pour qu'aucun d'entre nous n'emporte dans l'Hadès quelque jalousie à la pensée que le survivant connaîtra de nouveaux bonheurs. Puissé-je n'en connaître aucun si tu n'es plus ! quel bien me resterait-il encore ?

Voici ce qui me pousse à t'écrire maintenant, alors que je suis malade au Pirée (tu connais mes malaises habituels : ceux qui ne m'aiment pas les expliquent volontiers par la paresse et par une excessive délicatesse), à toi qui es restée en ville pour les fêtes de Déméter. J'ai reçu du roi égyptien Ptolémée[56] une lettre dans laquelle il m'adresse les exhortations les plus pressantes. Il me promet royalement « tous les biens de la terre », comme on dit, et m'invite, ainsi que Philémon[57] auquel il dit avoir aussi envoyé une lettre. D'ailleurs, Philémon lui-même m'a écrit, en me communiquant la missive qu'il a reçue : elle est plus légère et, comme elle n'a pas été écrite pour Ménandre, moins brillante ; il va voir ce qu'il va faire et il avisera.

Pour moi je n'ai pas à aviser ; c'est toi, Glycéra, qui seras encore aujourd'hui, comme tu l'as toujours été, mon jugement, mon Conseil de l'Aréopage et mon tribunal de l'Héliée, – tout, enfin, par Athéna. Je t'envoie la missive du roi pour t'ennuyer doublement, en te donnant à lire à la fois ma lettre et la sienne. Je veux que tu saches ce que j'ai décidé de lui répondre. Prendre la mer et m'en aller vers l'Égypte, un royaume si lointain, si reculé, par les Douze Dieux[58], je n'y pense même pas. D'ailleurs, quand bien même l'Égypte se trouverait à Égine, ici, tout près, je n'aurais pas l'intention d'abandonner mon royaume à moi, celui de ta tendresse, et de m'en aller, seul, au milieu d'une foule si nombreuse d'Égyptiens, voir ce qui ne sera, loin de Glycéra, qu'un désert peuplé d'hommes. Il est plus doux et moins dangereux d'adorer tes bras que les cours de tous les satrapes et de tous les rois où l'excès de franchise est périlleux, la flatterie méprisable et le succès peu sûr. Quant aux coupes de Thèriclès[59], aux vases à boire, aux objets d'or, et à tous les biens qui abondent dans ces cours et suscitent l'envie, je ne renoncerais pas pour eux à notre fête annuelle des Conges[60], aux spectacles des Lènéennes[61], à notre rencontre d'hier, aux gymnases du Lycée, à l'espace sacré de l'Académie – non, je le jure par Dionysos ! je le jure par son lierre bachique dont je préfère être couronné sous les yeux de Glycéra, assise dans le théâtre, que de recevoir tous les diadèmes de Ptolémée. Où verrai-je en Égypte une assemblée du peuple, et l'organisation d'un vote ? Où verrai-je une foule vivre en démocratie dans une telle liberté ? Où verrai-je des thesmothètes couronnés de lierre dans les cortèges sacrés ? Et l'enceinte entourée de cordes[62], les élections des magistrats, la fête des Marmites[63] ? Et le Céramique, l'Agora, notre belle Acropole, les Augustes Déesses[64], les Mystères, Salamine toute proche, les Détroits[65], Psyttalia[66], Marathon, la Grèce tout entière rassemblée à Athènes, toute l'Ionie et toutes les Cyclades ? Quoi ? Renonçant à tout cela ainsi qu'à Glycéra, j'irais en Égypte recevoir de l'or, de l'argent, des richesses ? Mais avec qui en profiter ? Avec Glycéra, dont tant de mers me sépareront ? Sans elle, toute cette richesse ne sera-t-elle pas misère à mes yeux ? Si j'apprends qu'elle a donné à un autre son amour si généreux, tous ces trésors ne se changeront-ils pas pour moi en cendres ? À ma mort je n'emporterai avec moi que mes douleurs. Quant à ma fortune, elle sera la proie de ceux qui sont assez forts pour braver la justice. La belle affaire, de fréquenter Ptolémée, les satrapes et autres personnages vaniteux du même genre, dont l'amitié est inconstante et la haine funeste ! Si Glycéra se fâche contre moi, chut ! je l'attrape et je l'embrasse ; si elle est encore fâchée, je la serre plus fort ; si elle reste courroucée, je pleure et, dès lors, ne supportant plus mon chagrin, c'est elle, désormais, qui m'implore ; elle n'a pas de soldats ni de gardes ni de sentinelles ; pour elle je suis tout.

Certes c'est un spectacle grand et magnifique de voir la beauté du Nil ; mais n'est-il pas grandiose aussi de voir l'Euphrate ? Grandiose de voir l'Ister[67] ? Et ne peut-on en dire autant du Thermôdôn[68], du Tigre, de l'Halys[69], du Rhin ? Si je cherche à voir tous les fleuves, j'y noierai toute ma vie[70] et je ne verrai plus Glycéra. D'ailleurs le Nil, si beau soit-il, est infesté de bêtes sauvages : on ne peut même pas s'approcher de ses tourbillons, tant il recèle de pièges et de dangers.

Puissé-je obtenir une sépulture et un tombeau dans ma patrie ! Puissé-je, ô roi Ptolémée, me couronner du lierre attique et chanter Dionysos chaque année devant le foyer de l'autel [71], suivre les rites d'initiation des Mystères, composer pour les spectacles une pièce nouvelle chaque année, connaître le rire, la joie, la lutte, la crainte et, pour finir, la victoire. Que Philémon s'en aille en Égypte et profite des biens qui m'étaient destinés ; il n'a pas de Glycéra et il ne mérite peut-être pas un si grand bonheur. Pour toi, je t'en prie, petite Glycéra, dès que les fêtes de Déméter seront finies, selle une mule et vole bien vite vers moi. Jamais je n'ai connu de fêtes plus longues ou qui tombent plus mal – Déméter, pardonne-moi.

Lettre 19
Glycéra à Ménandre.

La lettre du roi que tu m'as envoyée, je l'ai lue sans attendre et, par Calligéneia [72], dans le temple de laquelle je me trouve en ce moment, j'ai été transportée de joie, d'un plaisir si grand que je ne me contrôlais plus. Les femmes qui étaient près de moi s'en sont bien aperçues. Il y avait ma mère, ma sœur Euphronion, et une de mes amies – tu la connais ; elle a souvent dîné chez toi et tu as fait l'éloge de son pur parler attique ; tu avais l'air de ne pas oser faire son éloge à elle, et alors, j'ai souri, je t'ai embrassé plus fort – tu ne te souviens pas, Ménandre ?

Voyant donc cette joie inaccoutumée sur mon visage et dans mes yeux, elles m'ont demandé : « Petite Glycéra, quel est ce grand bonheur qui transforme à présent ton âme, ton corps et toute ta personne ? Tu es radieuse, tu resplendis de joie et de plaisir. » Alors j'ai dit : « Le roi égyptien Ptolémée invite mon Ménandre et lui promet la moitié de son royaume », en élevant la voix et en parlant plus fort, pour que toutes les femmes présentes pussent m'entendre. Et, en parlant, je brandissais et agitais entre mes mains la lettre revêtue du cachet royal.

« Alors, tu es contente qu'il te laisse ? » ont-elles dit. Ce n'était pas cela, Ménandre. Loin de là, j'en atteste les déesses, même si le bœuf du proverbe se mettait à me parler[73], il n'y aurait pas moyen de me faire croire qu'un jour Ménandre voudra ou pourra laisser à Athènes sa Glycéra pour s'en aller tout seul régner en Égypte au milieu de toutes les richesses. Si l'on se fonde d'ailleurs sur la lettre que j'ai lue, le roi a tout l'air d'avoir entendu parler de tes rapports avec moi et il veut te railler légèrement, à mots couverts, en usant de sel attique à la mode égyptienne. Cela me fait plaisir que le bruit de nos amours soit parvenu jusqu'à lui, en Égypte, au-delà des mers. En tout cas, les récits qu'il a entendus ont dû le convaincre qu'il désire l'impossible, quand il essaie de forcer Athènes à s'embarquer pour le rejoindre. Je dis bien Athènes, car que serait Athènes sans Ménandre ? Et que serait Ménandre sans Glycéra ? C'est moi qui lui prépare ses masques ; j'habille ses acteurs ; je me tiens dans les coulisses, les doigts crispés, toute tremblante, jusqu'au moment où le théâtre résonne d'applaudissements. Alors, par Artémis, je respire enfin, je t'enlace, je serre contre moi la tête sacrée qui a conçu ces pièces.

Non, Ménandre, ce qui me rendait si joyeuse, comme je l'ai dit à mes amies, c'est que tu sois aimé non seulement par Glycéra, mais encore par des rois qui vivent au-delà des mers, et que la renommée fasse connaître tes mérites sur d'autres rivages. L'Égypte, le Nil, le promontoire de Protée et la tour de Pharos sont tous maintenant dans l'attente : ils veulent voir Ménandre, entendre parler les avares, les amoureux, les superstitieux, les infidèles, les pères, les fils, les serviteurs, bref, tous ceux que tu as mis sur scène. Ces personnages, ils les entendront sans doute ; quant à Ménandre, ils ne le verront que s'ils viennent dans notre cité, chez Glycéra, contempler ce qui fait mon bonheur : Ménandre dont la gloire remplit l'univers mais qui, nuit et jour, repose dans mes bras.

Cependant, si d'aventure tu éprouves quelque désir des biens qui t'attendent là-bas, ne serait-ce que de voir l'Égypte, une merveille, avec ses pyramides, ses statues qui résonnent [74], son labyrinthe si célèbre et toutes les choses auxquelles l'ancienneté ou l'art donnent de la valeur dans ce pays, je t'en prie, Ménandre, ne refuse pas à cause de moi. Ne m'expose pas à la haine des Athéniens qui sont déjà en train de compter les médimnes de blé que le roi leur enverra grâce à toi [75]. Pars, sous la protection de tous les dieux, bonne chance, que les vents te soient favorables, et que Zeus t'envoie un souffle propice ! Moi, je ne te quitterai pas – ne va pas t'imaginer que tel était le sens de mes paroles ! J'en serais incapable, même si je le voulais. Non, je laisserai ma mère et mes sœurs, je me ferai matelot et je m'embarquerai avec toi ; j'ai le pied marin, j'en suis sûre. Si le choc des rames te donne le mal de mer, je te soignerai, je te soulagerai dans les malaises de la traversée et, nouvelle Ariane, sans même avoir de fil, je te guiderai jusqu'en Égypte, toi qui n'es pas Dionysos sans doute, mais son serviteur et son prophète. Et je ne serai pas abandonnée à Naxos ou sur quelque rivage désert, pour pleurer sur ta perfidie en invoquant les dieux. Oublions les Thésée et les infidélités des héros du passé. Pour nous, tous les lieux sont sûrs : notre cité, le Pirée, l'Égypte. Il n'y a pas d'endroit qui ne puisse accueillir nos amours dans leur plénitude. Même si nous vivions sur un rocher, je suis convaincue que notre tendresse en ferait le domaine d'Aphrodite.

Je sais bien que tu n'éprouves pas le moindre désir pour l'argent, le luxe ou les richesses, car tu as mis tout ton bonheur en moi et en tes pièces. Mais ta famille, ta patrie, tes amis, comme presque tous les hommes, partout dans le monde, sache-le bien, sont avides ; ils veulent s'enrichir et faire fortune. Tu ne me reprocheras jamais rien, toi, je le sais, que l'affaire soit importante ou non. Autrefois je devais cette soumission à la passion amoureuse ; maintenant tu y as joint le jugement, auquel j'attache encore plus de prix, Ménandre, car je redoute le peu de temps que dure un sentiment fondé sur la passion. S'il est intense, il est fragile aussi, mais, lorsque la réflexion vient s'y ajouter, c'est une relation beaucoup plus difficile à briser, puisqu'elle n'est ni privée de plaisir ni exposée à la crainte. Tu me donneras ton sentiment là-dessus car, en ces domaines, tu m'instruis et me conseilles souvent.

En tout cas, même si tu ne me fais, toi, ni reproches ni critiques, je redoute les guêpes de l'Attique[76] : dès que je sortirai, elles se mettront à bourdonner de toutes parts autour de moi et à prétendre que j'ai privé d'une fortune la cité d'Athènes. Ne te hâte pas, Ménandre, je te le demande ; ne réponds encore rien au roi. Réfléchis ; attends que nous soyons ensemble et réunis à nos amis Théophraste et Épicure. Ils auront peut-être sur la question un avis différent du tien. Ou plutôt offrons un sacrifice et voyons si les victimes disent qu'il vaut mieux partir pour l'Égypte ou rester. Envoyons également quelqu'un à Delphes pour consulter l'oracle ; le dieu est comme un père pour nous [77]. Que nous partions ou restions, nous pourrons, dans les deux cas, nous excuser en invoquant les dieux. Mieux encore, voici ce que je vais faire. Je connais une femme qui revient tout juste de Phrygie, très experte en ces questions, habile à lire dans les entrailles : elle observe, la nuit, la tension des fibres et sait évoquer les dieux. Nous ne devons pas la croire sur parole, il faut voir par nous-mêmes, comme on dit. Je vais l'envoyer chercher. Elle doit accomplir préalablement, dit-elle, un rite de purification et se procurer des animaux à sacrifier, de l'encens mâle, du styrax en grande quantité [78], des gâteaux de lune et des feuilles sauvages de gattilier.

Mais, d'ici-là, tu seras revenu du Pirée, je pense. Dans le cas contraire, explique-moi clairement combien de temps encore tu comptes rester sans voir ta Glycéra ; je viendrai te rejoindre en hâte et, en attendant, je demanderai à cette Phrygienne de se préparer. Et si tu essaies de me priver du Pirée, de notre petit domaine champêtre et de Munychie [79], pour me faire oublier peu à peu tous ces endroits, il y a des choses dont je suis incapable, par les dieux, et toi aussi d'ailleurs, lié à moi comme tu l'es désormais tout entier. Les rois du monde entier auraient beau t'écrire, je suis, bien plus qu'eux, la reine de ton cœur et j'ai trouvé en toi un amant fidèle qui respecte les serments sacrés.

Tâche plutôt, mon amour, de venir au plus vite me rejoindre en ville. Si tu changes d'avis à propos de ton voyage chez le roi, il faut que tu aies tes pièces toutes prêtes, celles qui sont le plus susceptibles de plaire à Ptolémée et à son Dionysos (qui n'est pas ami de la démocratie, comme tu sais) : *Thaïs, l'Homme haï, le Fanfaron, l'Arbitrage, la Fille battue, l'Homme de Sicyone*[80] ou autre chose si tu veux. Sans doute suis-je bien hardie et bien téméraire, de faire un choix dans les textes de Ménandre, moi qui ne suis qu'une fille ignorante, mais j'ai mon amour pour toi qui est savant pour juger même de ces sujets-là. Tu m'as souvent dit qu'une femme bien douée apprend vite de ses amants. Les amours dirigent tout promptement. Si je n'étais pas la plus rapide à apprendre, j'aurais honte, par Artémis, et je me jugerais indigne de toi.

En tout cas, Ménandre, je t'en prie, prends aussi la pièce dans laquelle tu m'as décrite[81] : de cette manière, même si je ne t'accompagne pas, je traverserai la mer sous une autre forme jusqu'à Ptolémée et il comprendra mieux le pouvoir qu'il a sur toi, en te voyant emporter avec toi, par écrit, l'image de tes amours, alors que tu en as laissé l'original en ville.

D'ailleurs, même l'original, tu ne le laisseras pas, sache-le bien. Avant que tu ne sois revenu du Pirée, je me serai initiée aux mystères du métier de capitaine ou de second de navire, et je pourrai, de mes propres mains, te faire traverser sur une mer calme, si tu juges qu'il vaut mieux partir. Par tous les dieux, puisses-tu choisir ce qui sera le meilleur pour nous deux ! et puisse la Phrygienne être meilleure prophétesse que ta *Possédée*[82] ! Porte-toi bien.

Fragment 5
Les hétaïres de Corinthe à celles d'Athènes, salut !

Vous ne connaissez pas les dernières nouvelles ? Vous n'avez pas entendu un nouveau nom d'hétaïre ? Quelle machine de guerre on lance contre nous, avec cette Laïs[83], ce bel animal dressé par le peintre Apelle ! Fermez vos établissements, malheureuses ! ou plutôt enfermez-vous loin des hommes ! Une seule femme aujourd'hui met toute la Grèce en émoi, une seule. Le nom de Laïs est partout : chez les barbiers, dans les théâtres, dans les assemblées, dans les tribunaux, au Conseil, en tous lieux. Tous parlent d'elle, par Aphrodite ! même les muets s'entretiennent par signes de sa beauté, tant Laïs rend éloquents jusqu'à ceux qui ne peuvent parler. Et cela se comprend. Vêtue, elle a le plus beau visage du monde et, sans ses vêtements, son corps entier est aussi beau que son visage : ni trop mince, ni trop en chair, elle ressemble à celles qu'on appelle les fausses maigres. Ses cheveux frisent naturellement, leur blondeur ne doit rien à l'artifice et ils se répandent voluptueusement sur ses épaules. Et ses yeux, par Artémis, plus arrondis que le disque de la lune, sa prunelle, du noir le plus noir et le blanc tout autour <...>

Notes

Introduction

1. Voir notamment Fl. Dupont, *Le Plaisir et la Loi, Du* Banquet *de Platon au* Satiricon, Paris,1977, et P. Schmitt Pantel, *La Cité au banquet, Histoire des repas publics dans les cités grecques,* Rome, 1992.

2. Abbé J. Richard, *Lettres grecques par le rhéteur Alciphron, ou anecdotes sur les mœurs et les usages de la Grèce, traduites pour la première fois en français, avec des notes historiques et critiques*, Amsterdam et Paris, 1784, 1785 (3 vol.).

3. L'abbé J. Richard exploite le texte comme une sorte de dictionnaire des antiquités, une somme des « usages civils et religieux de l'ancienne Grèce... Ces lettres... sont devenues pour moi une source utile d'instruction sur tous les points principaux de l'antiquité grecque ». Plus près de nous, A. R. Benner et F. H. Fobes (*The Letters of Alciphron, Aelian and Philostratus*, Londres 1949), tout en soulignant ce qu'il y a de rhétorique dans le texte d'Alciphron, affirment que le quatrième siècle y semble « réel ». Pour un exposé et une critique de cette perpective, voir, entre autres, J.-R. Vieillefond, « L'invention chez Alciphron », *Revue des Études grecques*, 1979, p. 120-140 (surtout p. 120-1).

4. E. Avezzù et O. Longo, *Lettere di parassiti e di cortigiane*, Venise, 1985, p. 30.

5. J. Bompaire, *Lucien écrivain, imitation et création*, Paris, 1958, p. 6.

6. B. P. Reardon, *Courants littéraires grecs des IIe et IIIe siècles après J.-C.*, Paris, 1971, p. 9. Voir aussi J. Bompaire, *op. cit.*, p. 60 *sq.*

7. Les auteurs de théâtre notamment se livrent à des jeux complexes d'imitation : on se souvient d'Euripide, reprenant à sa façon, dans son *Électre,* les *Choéphores* d'Eschyle. J. Bompaire note *(op. cit.*, p. 61-62) : « Isée imite Lysias, Platon rivalise avec lui ; Isocrate le prend pour modèle ; quant à Homère, il est le modèle d'Hérodote qui est celui de Xénophon... Il n'est aucun de ces écrivains qui n'ait imité quelqu'un et dont le talent ne s'analyse en influences et apports divers. » Sur l'imitation et l'élaboration littéraire, voir aussi J.-L. Hennig, *Apologie du plagiat*, Paris, 1997.

8. Voir B. P. Reardon, *op. cit.*, p. 106-110.

9. O. Longo, *op. cit.*, p. 32.

10. C'est l'hypothèse d'O. Keller, «Untersuchungen über die Geschichte der griechischen Fabel », *Jahrbücher für Classische Philologie*, Supplementband 4, 1862, p. 404. Voir A. R. Benner et F. H. Fobes, *op. cit.*, p. 6-7.

11. Cette hypothèse semble surtout inspirée par le souci d'établir une comparaison avec Lucien.

12. On relève de nombreuses ressemblances entre la lettre II, 2 et le *Coq,* la lettre III, 14 et *Toxaris* 15, la lettre III, 17 et *Jupiter tragœdus*, 15, la lettre III, 19 et *Le Banquet ou les Lapithes.*

13. Voir un résumé des différentes positions *in* A. R. Benner et F. H. Fobes, *op. cit.*, p. 7. L'hypothèse que Lucien ait imité Alciphron, soutenue au XVIIIe siècle par Bergler, éditeur de Lucien en 1715, par l'abbé J. Richard dans sa traduction française de 1784-1785, par J. F. Reitz, *Lucian,* 1789, est actuellement abandonnée. On penche plutôt pour l'inverse. Voir notamment M. Pinto, « Echi Lucianei nelle epistole parassitiche di Alcifrone », *Vichiana*, 2, 1973, p. 261-268, et L. Santini, « Tra filosofi e parassiti, l'epistola III, 19 di Alcifrone e i modelli lucianei », *Atene e Roma,* 40, 1995, p. 58-71 : Alciphron se livrerait à une contamination calculée d'opuscules divers de Lucien.

14. Voir A. R. Benner et F. H. Fobes, *op. cit.*, p. 14-15 et 344-345.

15. Notamment les lettres II, 9 et 18 et IV, 13.

16. B. P. Reardon, *op. cit.*, p. 180. Selon B. Baldwin (« The date of Alciphron », *Hermès*, 1982, p. 253-254), on peut aller jusqu'à la première décennie du IIIe siècle.

17. B. P. Reardon, *op. cit.*, p. 182.

18. J. Bompaire, *op. cit.*, p. 532.

19. *Alciphronis rhetoris epistularum libri IV*, Groningen, 1901, puis Teubner, Leipzig, 1905.

20. Voir notamment E. Ruiz Garcia, *Teofrasto, Caracteres ; Alcifrón Cartas de pescadores, campesinos, paràsitos y cortesanas*, Madrid, 1988, p. 130.

21. Sur le statut littéraire de la lettre fictive, voir notamment R. G. Ussher, « Love letter, novel, Alciphron and 'Chion' », *Hermathena*, 143, 1987, p. 99-106 et J. Ureña, « La carta ficticia griega : los nombres de personajes y el uso del encabezamiento en Alcifrón, Aristéneto y Teofilacto », *Emerita*, 61, 1993, p. 267-298.

22. Sur les noms propres chez Alciphron et sur l'influence de la comédie dans leur invention, voir C. Sondag, *De nominibus apud Alciphronem propriis*, diss., Bonn, 1905 ; K. Mras, *Die Personennamen in Lukians Hetärengesprächen,* Wien. Stud. 38, 1916, p. 308-342 ; Ph. E. Legrand, « Les dialogues des courtisanes comparés avec la comédie », *Revue des Études grecques*, 20, 1907, p. 176-231 ; J. Bompaire, *op. cit.*, p. 699-794 ; J. Schwartz, « Onomastique des philosophes chez Lucien de Samosate et Alciphron », *Antiquité classique,* 51, 1982, p. 259-264.

23. Pour Lamia, voir Plutarque, *Démétrios,* 27 ; pour Phrynè, Plutarque, *Sur les oracles*, 401, et Pline, *Histoires Naturelles*, XXXIV, 70 ; pour Léontion, Diogène Laërce, *Vies*, X, 6-7.

24. Voir Athénée, XIII, 590-591, Pseudo-Plutarque, *Vie d'Hypéride*, 849 e, Plutarque, *Démétrios*, 27, Pline l'Ancien, *Histoires naturelles*, VII, 30-31.

25. Voir B. P. Reardon, *op. cit.,* p. 181, et H.-I. Marrou, *Histoire de l'éducation dans l'Antiquité,* Paris, 1948 (2e éd. 1965), p. 238-242.

26. H.-I. Marrou, *op. cit.*, p. 240.

27. J. Bompaire, *op. cit.* p. 162.

28. Properce, *Élégies,* IV, 3 ; Ovide, *Héroïdes.*

29. Voir I. Düring, *Chion of Heraclea, a novel in letters*, Göteborg, 1951, R. G. Ussher, *art. cit.*

30. Pour les discussions dans l'Antiquité sur le *logos epistolikos* et la manière dont il doit être classé, voir J. Bompaire, *op. cit.*, p. 295, L. Spengel, *Rhetores græci,* Leipzig, Teubner, 1853-6 (notamment II, 115, et III, 490-491), R. Herscher, *Epistolographi Graeci*, Paris, 1873, J. Sykustris, art. « Epistolographie », *in* Pauly-Wissowa, supplément V, 1931, col. 189-195, E. Ruiz Garcia, *op. cit.*, p. 131-134, I. Düring, *op. cit.*, p. 7, 18 et 23.

31. Selon R. G. Ussher, *art. cit.*, Alciphron est peu respectueux

des règles du genre épistolaire édictées par Démétrios, Philostratos ou Proclus : la *syntomia,* la *saphèneia*, la *charis...*

32. A. Croiset (*Histoire grecque*, vol. 5, Paris, 1899, p. 150) parle d'« esprit romanesque en quête de sa véritable voie », formule critiquée par B. P. Reardon, *op. cit.,* p. 185. Pour I. Düring (*op. cit.*, p. 23), les lettres de Chion d'Héraclée sont le seul exemple de roman par lettres dans l'Antiquité.

33. J.-R. Vieillefond, *art. cit.*, p. 122.

34. Abbé J. Richard, *op. cit.* Voir aussi les remarques de B. P. Reardon, *op. cit.*, p. 184 et de G. Carugno, « La seconda epistola rustica di Alcifrone et il *Gallo* di Luciano », *Giornale Italiano di Filologia*, 9, 1956, p. 347-9.

35. Aristophane fait allusion à ce personnage dans *Les Oiseaux,* v. 1549, et dans *Lysistrata*, v. 809-820. La figure du *monotropos* apparaît dès 414 av. J.-C., avec le *Solitaire*, de Phrynichos. Voir Ph. E. Legrand, « Sur le *Timon* de Lucien », *Revue des Études anciennes*, 9, 1907, p. 132-154, E. Capps, « *Misanthropoi* or *philanthropoi* », *Hesperia*, 11, 1942, p. 325-328, et J.-M. Jacques, édition du *Dyscolos*, Paris, 1963, p. 33-35.

36. B. P. Reardon, *op. cit.*, p. 182. Voir également E. Ruiz Garcia, *op. cit.*, p. 139, et O. Longo, *op. cit.*, p. 39.

37. Formule employée par J. Bompaire (*op. cit.*, p. 225) à propos de Lucien.

38. E. Ruiz Garcia (*op. cit.*, p. 143-4) souligne que les deux termes sont toujours distingués de la manière la plus rigoureuse.

39. J. Bompaire, *op. cit.*, p 226.

40. P. Vidal-Naquet, « Flavius Arrien entre deux mondes », *Arrien, Histoire d'Alexandre*, Paris 1984, p. 311-394.

41. Philon d'Alexandrie, *Quod omnis probus,* 140 (cité par P. Vidal-Naquet, *loc. cit.*).

42. Sur la fascination qu'exerce l'Athènes mythique des Ve-IVe siècles avant J.-C., voir J. Bompaire, *op. cit.,* et p. 147-154, p. 225, et E. L. Bowie « Greeks and their past in the second sophistic », *Past and Present*, 46, 1970, p. 1-41, surtout p. 28-30.

43. J. Bompaire, *op. cit.*, p. 523, reprend et critique les conclusions de J. Delz, *Lukians Kenntnis der Athenischen Antiquitäten*, Bâle, 1947.

44. J. Bompaire, *op. cit.*, p. 153.

45. J. Bompaire, *op. cit.*, p. 221-234.

46. Voir B. P. Reardon, *op. cit.*, p. 17-19, E. L. Bowie, *art. cit.*, et P. Vidal-Naquet, « Flavius Arrien... », *art. cit.*, p. 323.

47. W. Schmid, *Der Atticismus in seinen Hauptvertretern von Dionysios von Halikarnassos bis auf den zweiten Philostratos*, Stuttgart, 1887-1896.

48. P. Vidal-Naquet, « Flavius Arrien... », *art. cit.*, p. 322.

49. Dans ses éditions de Ménandre, J.-M. Jacques signale de nombreux emprunts, notamment pour la lettre II, 32, 2, au *Dyscolos*, 120, pour la lettre III, 16, à la *Samienne*, 470-1, pour la lettre II, 4, 2, au *Bouclier*, 152 etc. La grotte de Pan et l'antre des Nymphes de la lettre IV, 13 ressemble beaucoup à celle du *Dyscolos*. Voir aussi M. Pagliardini et A. Chicco, « Sulla *Theophorumené* di Menandro », *Atene e Roma*, 27, 1982, p. 112-123 : pour reconstituer l'intrigue de la pièce de Ménandre, il faut tenir compte de trois passages d'Alciphron.

50. Th. Kock, « Neue Bruchstücke attischer Komiker », *Hermès*, 21, 1886, p. 373-410 ; *Comicorum atticorum fragmenta*, t. III, Leipzig, 1888, p. 674-679 ; « Lucian und die Komödie », *Rheinisches Museum für Philologie*, 43, 1888, p. 35-44.

51. Ph. E. Legrand, « Les dialogues des courtisanes comparés avec la comédie », *Revue des Études grecques*, 20, 1907, p. 176-231.

52. Voir, entre autres, Ph. E. Legrand, *art. cit.*, et « Les nouveaux fragments de Ménandre », *Revue des Études antiques*, 9, 1907, p. 312-334 et 10, 1908, p. 1-33 ; G. Carugno, « Intrighi familiari, inesperienza ed ignoranza dei contadini nelle *Epistole Rustiche* di Alcifrone », *Giornale Italiano di Filologia*, 13, 1960, p. 135-143 ; « Riflessi comici in alcuni tipi di servi nelle « Epistole Rustiche » di Alcifrone », *Giornale Italiano di Filologia*, 16, 1963, p. 350-1.

53. Par exemple les *piscatores* du *Rudens* de Plaute.

54. Notamment le *seruus callidus*, l'esclave rusé, qui sert les amours de son jeune maître dans la lettre III, 5, le bavard dans la lettre III, 21, l'indiscret dans les lettres III, 26, 27 et 33, l'entremetteur dans les lettres III, 28 et 36. Le messager qui arrive en courant dans les lettres III, 1 et 21 ressemble au *seruus currens*. On a aussi dans la lettre III, 28, sinon un *leno*, du moins un *pornoboscos* (un souteneur).

55. Sur l'importance des scènes de cuisiniers, voir les remarques de J.-M. Jacques dans son édition du *Bouclier* de Ménandre, Paris, 1998, p. XXXI.

56. On peut rapprocher la lettre IV, 8 d'Ovide, *Amours*, I, 6, de Properce, I, 16, III, 17, de Tibulle, I, 2.

57. Voir Ovide, *Amours* I, 15, 17-18 ; *Tristes*, II, 369-370.

58. On peut rapprocher les lettres II, 9 et 18 de *Daphnis et Chloé,* I, 13 et IV, 8. Sur les liens entre les lettres d'Alciphron et le roman grec, voir G. Carugno, « Sulla 34a epistola rustica d'Alcifrone », *Giornale Italiano di Filologia*, 3, 1950, p. 71-2 et « Alcifrone nei suoi rapporti con Longo e il mondo bucolico », *Giornale Italiano di Filologia*, 8, 1955, p. 153-9. Pour A. M. Scarcella, « Realtà e letteratura nel paesaggio sociale e economico del romanzo di Longo », *Maia,* 22, 1970, p. 104-131, les descriptions de la campagne d'Alciphron sont plus riches que celles de Longus.

59. Dans son édition du *Dyscolos*, p. 24-25, J.-M. Jacques souligne le ton édifiant de cette comédie moralisatrice et sentimentale, où « tout respire la vertu ».

60. Voir A. Billault, *La Création romanesque dans la littérature grecque*, Paris, 1991, p. 144-151. Le lien est beaucoup moins net pour B. E. Perry, *The ancient Romances*, Berkeley et Los Angeles, 1967.

61. Les Anciens ont considéré que Ménandre était, avec Homère, l'écrivain qui atteignait à la plus profonde vérité. Sur sa popularité, on trouvera de nombreux témoignages grecs et latins dans A. Körte, *Menandri quae supersunt*, Leipzig, 1959 (2e éd.), t. II, p. 1-13. Rappelons en particulier la célèbre formule, attribuée au grammairien Aristophane de Byzance : « Ô Ménandre, et toi, vie, lequel de vous deux a imité l'autre ? »

62. O. Longo *(op. cit.*, p. 9-35) souligne que la cité est vue en négatif par des gens qui vivent dans ses marges, sans être intégrés au tissu social ni participer au système de production.

63. Voir la lettre III, 25 et *Odyssée*, VIII, 552-554.

64. Ces remarques nous sont inspirées par une communication de Sv. Slapsak, « Les hétaïres grecques et la mort », prononcée en décembre 1993 au séminaire de P. Vidal-Naquet, à l'École des Hautes Études en Sciences sociales. Voir aussi C. Salles, *Les Bas-fonds dans l'Antiquité*, Paris, 2e éd., 1995.

65. Formule de la lettre III, 22, qu'on peut rapprocher de Démosthène, *Contre Néaira*, 122 : « Nous avons les courtisanes pour notre plaisir, les concubines pour le soin quotidien de notre corps, les épouses pour la procréation de fils légitimes et comme gardiennes fidèles de notre maison. » Voir O. Longo, *op. cit.,* p. 29, et J.-P. Vernant, *Mythe et société en Grèce ancienne*, Paris, 1974, p. 60.

66. *Héautontimorouménos,* 381-395.

Postérité, éditions, traductions

1. Lettres I, 5, et 22. Voir l'édition d'Aristénète de J.-R. Vieillefond, Paris, 1992.

2. Isaac Tsetses, *Scholia ad Chiliades*, VIII, 8895.

3. Eustache de Thessalonique, scolie sur l'*Iliade*, IX, 453.

4. L'abbé J. Richard admire sans réserve ces tableaux édifiants : « Dans plusieurs de ces lettres, on retrouve des traits touchants de l'antique simplicité des mœurs... On voit les attentions que ces bons campagnards avaient les uns pour les autres. » Il écrit, à propos de la lettre II, 37 : « Je me suis arrêté avec satisfaction sur cette lettre ; il y règne un sentiment de piété et de tendresse filiale. » Pour la lettre II, 39, il note : « L'imagination s'arrête avec plaisir sur le spectacle des mœurs antiques. Quelle simplicité ! Quelle douceur ! les grâces se trouvent constamment unies avec la vertu ; les soins domestiques, l'habitude et l'amour du travail sont de tous les états, de tous les rangs ! »

5. À plusieurs reprises, à propos des esclaves d'Alciphron, l'abbé critique vigoureusement l'esclavage de son temps : « Les Européens des colonies traitent leurs esclaves nègres avec autant de dureté que les habitants de l'Attique traitaient leurs esclaves grecs. »

6. Il écrit notamment : « Ces femmes étaient d'autant plus attrayantes qu'aux charmes de la figure... elles joignaient tous les agréments de l'esprit, la vivacité, la finesse, la subtilité des réparties ; elles assaisonnaient les plaisirs de leur société par tout ce que le sel attique avait de plus ingénieux et de plus piquant (...) Il est à présumer que, puisque les Anciens ont fait passer ces propos à la postérité, les grâces de la langue grecque leur donnaient quelqu'agrément et qu'ils n'étaient pas alors aussi indécents qu'ils nous le paraissent. Au reste, on nous dit (!) que les courtisanes de notre temps ne sont pas plus honnêtes. »

7. Voir t. II ; p. X-XI et p. XVIII-XX.

Note sur la présente traduction

1. Voir J.-P. Vernant, *op. cit.*, p. 57-81 (surtout p. 59-60), C. Salles, *op. cit.*, p. 65-121

Livre I. Lettres de pêcheurs

1. Cette lettre est, à notre connaissance, la seule qui ait été traduite récemment en français (par J.-R. Vieillefond, *art. cit.*).

2. Période de temps serein au milieu de l'hiver, pendant laquelle on croyait que les alcyons faisaient leur nid (Aristote, *Histoire des animaux*, V, 8 et IX 14 ; Pline l'Ancien, *Histoires naturelles,* X, 32). La mythologie rattache ce motif à la métamorphose de Céyx et d'Alcyon en oiseaux marins (Ovide, *Métamorphoses*, XI, 410 sq.). Un dialogue de Lucien, l'*Alcyon*, offre de nombreux points communs avec cette lettre.

3. Comme l'indique J.-R. Vieillefond, (*art. cit.*, p. 135), il s'agit de « la pêche à la senne que l'on pratique sur les plages sableuses avec des filets munis de flotteurs qu'une ou deux barques vont mouiller au large, parallèlement à la côte, et qu'on ramène ensuite au rivage en rapprochant les deux extrémités ».

4. Un des trois ports du Pirée.

5. Le texte n'est pas sûr. La laine de mer désigne des filaments que l'on trouve sur les pinnes marines et qui ressemblent de la soie.

6. Glaucos était un pêcheur qui fut changé en dieu marin.

7. Nom de Néréide (*Iliade*, XVIII, 45).

8. La Stoa Poikilè, portique décoré de fresques, sous lequel se réunissaient les Stoïciens.

9. Aratos, *Phénomènes*, 299.

10. Les Ôschophories se célébraient à Athènes dans le mois de Pyanepsiôn (octobre). Communes à Dionysos et à Athéna, elles commençaient par une course d'éphèbes porteurs de pampres (*ôschoi*).

11. Fêtes en l'honneur de Dionysos qui avaient lieu au mois de Gamèliôn (janvier-février), à la fin des Dionysies champêtres. On y donnait des concours de théâtre.

12. Nom de Néréide (*Iliade*, XVIII, 45).

13. Dème de la côte est de l'Attique.

14. Héritière unique, qui devait épouser son plus proche parent, pour que les biens ne sortent pas de la famille.

15. Port d'Argolide.

16. Nom de Néréide (*Iliade*, XVIII, 39).

17. Ville de la côte de Lycie où les pirates étaient nombreux.

18. Ville de Pamphylie.

19. C'est-à-dire de mal en pis. Mandroboulos avait trouvé un trésor à Samos : la première année, il offrit à Héra un bélier en or, la deuxième année, une statue d'argent, la troisième, une statue de

bronze et il finit par ne plus rien donner. Lucien fait référence à cette histoire proverbiale dans *Sur les employés dans les grandes maisons*, 21. On trouve une version légèrement différente dans le *Corpus Parœmiographorum Græcorum*, t. 2, p. 114, où il s'agit de bœufs offerts en sacrifice dont le nombre diminue d'année en année.

20. C'est-à-dire des nouveaux riches (surnom de Callias qui passait pour avoir trouvé un trésor enfoui).

21. Dème de l'Attique, à l'est du mont Hymette.

22. Dème urbain de l'Attique, au nord de l'Acropole.

23. Les grandes Dionysies, fêtes en l'honneur de Dionysos, célébrées au début du printemps, comportaient une procession et des concours théâtraux. Il y avait aussi les Dionysies des champs ou petites Dionysies, célébrées pendant le mois de Poseideiôn.

24. Fêtes célébrées pendant le mois Pyanepsiôn, au cours desquelles on procédait aux inscriptions dans les phratries.

25. Magistrats chargés de surveiller les marchés et d'empêcher les fraudes ; il y en avait cinq pour la ville d'Athènes, cinq pour le Pirée.

26. Peut-être s'agit-il des Syrtes (à cause de l'allusion à un bateau qui s'échoue).

27. Promontoire au sud-est de l'Eubée.

28. Il s'agit sans doute de l'or que le pêcheur pourrait trouver sur le cadavre. La lettre 5 de Synésius rapporte que les passagers menacés d'un naufrage s'attachaient autour du cou les objets de valeur qu'ils possédaient, pour récompenser ceux qui leur rendraient les derniers devoirs.

29. Cité sur la côte nord de l'île de Lesbos.

30. Voir lettre I, 4 et la note 10.

31. Cité de Béotie où Étéocle avait fait construire un temple aux Charites. Le nom se rapproche du participe *orchouménos* (dansant).

32. Source en Béotie, au pied du Cithéron.

33. L'hellébore était utilisée pour soigner les désordres mentaux (voir Pline l'Ancien, *Histoires naturelles*, XXII, 133... et même La Fontaine, « Le lièvre et la tortue »).

34. Une des portes sud d'Athènes.

35. Célèbre banquier du IVe siècle. Voir lettre II, 36 et la note 47.

36. Sur le sens de cette notion, voir P. Vidal-Naquet, « Flavius Arrien entre deux mondes » : « l'adjectif *hyperorios* désignait, dans la langue classique, tout ce qui était au-delà du territoire athénien au sens le plus strict du terme ».

37. Ces vaisseaux qui servaient au transport des théories sacrées, sont évoqués par Thucydide, VI, 51 et par Aristophane dans *Les Oiseaux*, 1204. Voir aussi le début du *Phédon*.

38. Pointe sud-est de l'Eubée.

39. On retrouve cette musicienne et son *aulos* dans la lettre IV, 13, mais il ne s'agit pas forcément du même personnage. Ce nom semble avoir été courant pour les musiciennes. Voir A. Bélis, *Les Musiciens dans l'Antiquité*, Paris, 1999, p. 43.

40. Peut-être Euépès, nom qui signifierait aux belles paroles.

41. Sur les croisières et les parties de plaisir sur mer en musique, voir A. Bélis, *op. cit.*, p. 81-84.

42. Les Telchines, démons amphibies, auraient forgé le trident de Poséidon : on les représentait comme des créatures jalouses et malfaisantes. Ovide (*Métamorphoses*, VII, 367) raconte comment Jupiter les noya, fermant enfin leurs yeux dont le seul regard portait malheur.

43. Ce proverbe est cité dans les *Adages* (841) par Érasme.

44. Dans la lettre I, 6, il est question d'une métèque originaire d'Hermionè qui dépouille ses amoureux ; la jeune fille est peut-être beaucoup moins vertueuse que ne le pense le pêcheur.

45. Oppien, dans son poème *De la pêche* (III, 632 *sq.*), parle des guetteurs qui observent la mer du haut des rochers et signalent aux pêcheurs les bancs de poissons.

46. La pêche évoquée ici ressemble à la pêche dite « à la madrague ».

47. Une réflexion presque semblable se trouve dans Lucien (*Hermotime*, 65) ; il compare l'homme dont les espoirs sont déçus aux pêcheurs qui, sentant leurs filets très lourds, croient avoir pris quantité de poissons et découvrent que ce ne sont que des pierres.

48. Nom d'esclave dans la comédie nouvelle.

49. Du garum : sauce à base de poisson.

50. Allusion probable au golfe de Patras.

51. Elle était dangereuse à cause des pirates et de Scylla.

52. Il y a un jeu de mots entre Scylla, le monstre marin, et le verbe *skyllein* (écorcher, dépouiller).

53. Mère de Scylla. Son nom signifie la force. Ulysse doit l'appeler à son secours (*Odyssée*, XII, 124).

Livre II. Lettres de paysans

1. Cette lettre a de nombreux points communs avec le *Coq* de Lucien. Voir notamment G. Carugno, « La seconda epistola rustica di Alcifrone e il *Gallo* di Luciano », *Giornale Italiano di Filologia*, 9, 1956, p. 347-9.

2. Nom d'un parasite (voir lettre III, 8).

3. Nom d'un sycophante.

4. Plutarque (*Propos de table*, VIII, 10, 735 d) dit que les songes sont particulièrement trompeurs à la saison où les arbres perdent leurs feuilles.

5. Unité de mesure pour les solides, correspondant à un peu plus de 58 litres.

6. Mot à rattacher peut-être au verbe *marptein*, saisir, ou à rapprocher de Marsyas, l'écorché.

7. Les jetons servaient à compter ; sans doute comptait-on aussi sur ses doigts, d'où l'allusion aux doigts pliés.

8. Ce mot peut désigner le sexe de la femme (Aristophane, *Cavaliers*, 1268).

9. Littéralement : misérable Cercope. Les Cercopes étaient deux brigands qui attaquèrent Héraclès. Zeus les transforma en singes.

10. Nymphes des troupeaux, des chênes et des cours d'eau.

11. Colias et Génétyllis sont deux surnoms d'Aphrodite.

12. Ces deux noms ont été ceux de musiciens ; pour Pratinas, voir Plutarque, *Sur la Musique* 31 (1142) ; pour Épigonos, Athénée, IV, 183. Comparer tout l'épisode à Longus, *Daphnis et Chloé*, I, 13.

13. C'est-à-dire Orphée ; les Édônes sont des Thraces.

14. Nom de plusieurs rois thraces, à rapprocher peut-être du surnom d'Apollon chez les Delphiens (protecteur du blé).

15. Ce nom, sans doute assez courant, se rencontre chez Ménandre : il est porté par un des personnages du *Bouclier*.

16. Les *aulètrides* étaient souvent des prostituées (voir A. Bélis, *op. cit.*, p. 42-46).

17. Danse bouffonne, d'origine lydienne, considérée comme particulièrement vulgaire et indécente (Athénée, XIV, 631, et Pétrone, *Satiricon*, LII, 8).

18. Bandit légendaire, associé parfois aux Cercopes.

19. On trouve déjà ce nom dans la lettre I, 8.

20. Nom d'esclave qu'on trouve notamment dans *La Samienne* de Ménandre.

21. Pendu, ou peut-être suspendu pour être fustigé ; il n'est pas sûr qu'il s'agisse d'une pendaison. Le passage rappelle Longus, *Daphnis et Chloé*, IV, 8-9 où le vieux Lamôn redoute d'être pendu à un pin pour être fouetté.

22. Lucien (*De ceux qui entrent au service des grands*, 34) parle de ces chiens de Malte dont raffolaient les grandes dames. Il raconte la mésaventure d'un philosophe obligé de transporter la petite chienne de la femme de son protecteur. L'homme l'enveloppe dans son manteau, offrant un spectacle ridicule : la chienne passe le museau de temps en temps pour lécher sa barbe et récupérer des restes de nourriture qui y sont accrochés ; elle se soulage dans le manteau et finit par y mettre bas.

23. Le mont Brilèssos, au nord-ouest du Lycabette.

24. Ce nom très courant signifie à l'origine « aime le berger ».

25. Ce nom est notamment celui d'un personnage de *La Samienne* de Ménandre.

26. Syra : nom d'esclave.

27. Quartier mal famé d'Athènes, près du temple d'Athéna Skiras.

28. Épithète de Dionysos.

29. Nom de berger, notamment dans Théocrite, *Idylle*, IV et dans Virgile, *Bucolique* II, à rapprocher peut-être du mot *corydos*, alouette huppée.

30. Voir la lettre I, 8 et la note 17.

31. Voir la lettre I, 6 et la note 14.

32. On peut rapprocher ces menaces des *Adelphes*, 846-849 : « Elle sera couverte de cendres, de fumée et de farine, à force de travailler à la cuisine et au moulin ; en outre, je la forcerai à ramasser des épis en plein midi et je la rendrai aussi brûlée et noire qu'un charbon. »

33. Peut-être un remède pour les maladies de peau (voir Pline, *Histoires naturelles*, XXIV, 11).

34. Ou peut-être Hôrios (Saisonnier).

35. Expression proverbiale, reprise par Érasme (*Adages* 430) ; Élien l'explique par les gémissements de la tourterelle que l'oiseau accompagne d'un mouvement du corps (*Vie des animaux*, XII, 10).

36. Ou fêtard, si on rattache ce mot au *cômos*. Mais l'opposition du personnage avec Astyllos, qui connaît la grande ville, et le Cômarchidès de la lettre suivante nous poussent à rattacher ce mot à cômé.

37. Fameux misanthrope, déjà célèbre à l'époque d'Aristophane, évoqué notamment par Lucien (*Timon*), Plutarque (*Antoine,* 70), et dont Shakespeare a repris la figure.

38. Dème du sud de l'Attique.

39. Autre misanthrope célèbre, proche de Timon (voir Plutarque, *Antoine*, 70).

40. C'est le geste du *Dyscolos* de Ménandre, 110-111.

41. Type d'avare, personnage de la Comédie nouvelle.

42. Le nom signifie racleur ; Lucien nomme ainsi plusieurs personnages, notamment dans le *Timon*.

43. Zeus de la pluie.

44. Formule de Thucydide (I, 2).

45. Le personnage du soldat fanfaron est un « type » de comédie, tel Pyrgopolinice dans le *Miles gloriosus* de Plaute, ou Thrasôn dans l'*Eunuque* de Térence. Dans le *Dialogue des hétaïres*, 13, Lucien met en scène le bravache Léontichos qui tente par le récit d'exploits imaginaires de séduire l'hétaïre Hymnis, laquelle finit par s'enfuir, épouvantée de tant de cruauté.

46. Le mot *épiphyllis* désigne une petite grappe qu'on laisse sur le cep, mais il s'agit peut-être ici, vu le contexte, du groupe *épi phyllois*, sur les feuilles.

47. Nom de banquier dans la lettre I, 1. On trouve ce nom chez Démosthène (*Contre Aphobos*, I, 11) ; voir aussi Lucien, *Dialogue des hétaïres*, 12.

48. Les marchés aux esclaves et aux bestiaux se tenaient à la nouvelle lune (voir Aristophane, *Cavaliers*, 43).

49. Épiménide de Cnossos est une figure semi-légendaire. Il aurait vécu au sixième siècle avant J.-C. : il passait pour un thaumaturge et un théologien ; il aurait dormi cinquante-sept ans et vécu cent ans. Voir, entre autres, Plutarque, *Solon*, 12, Pline l'Ancien, *Histoires naturelles,* VII, XLVIII et LII, Valère-Maxime, VIII, 13.

50. Surnom porté par Attalos III.

51. Fête des moissons en l'honneur de Déméter et Perséphone.

52. Voir lettre I, 9 et la note 24.

53. Voir lettre I, 9 et la note 23.

54. Fêtes de Déméter, réservées aux femmes de bonne naissance légitimement mariées. Elles se célébraient en automne ; elles commençaient par une procession au cap Colias ; il y avait ensuite un jour de jeûne (la *nèsteia*) ; le dernier jour était consacré à des réjouissances.

55. Les philosophes cyniques.

56. On peut rapprocher ce portrait du discours que Lucien prête à Diogène (*Philosophes à l'encan*, 9-10).

57. Citation des *Nuées* d'Aristophane, 94, 128, 142 etc.

58. Nom traditionnel d'esclave thrace (Aristophane, *Grenouilles*, 730 ; Ménandre, *Le Dyscolos*).

59. *Erganè*, l'ouvrière, est un surnom d'Athéna. La fin de cette lettre rappelle certains passages de l'*Économique* de Xénophon.

Livre III. Lettres de parasites

1. Le *gnômôn*, ou cadran solaire, était une pointe fixée verticalement sur une surface horizontale. On mesura d'abord le temps par la longueur de l'ombre (Aristophane, *Assemblée des femmes*, v. 652) ; la division du jour en douze heures est relativement tardive (deuxième moitié du IVe siècle av. J.-C.). La sixième heure est celle du repas de midi. Plutarque évoque comme un trait caractéristique du parasite de rôder autour des fourneaux et de mesurer l'ombre en songeant au repas (*Comment distinguer le flatteur de l'ami*, 4).

2. Il s'agit donc d'une horloge monumentale, ce qui est confirmé, dans la fin de la lettre, par l'allusion à l'esclave qui doit revenir annoncer l'heure.

3. Héros célèbre par ses inventions (il aurait ajouté cinq lettres à l'alphabet, inventé les chiffres, la monnaie, le jeu de dames, celui des dés...) ; il l'emportait même sur Ulysse puisqu'il le démasqua alors que ce dernier feignait la folie pour se soustraire à la guerre de Troie. La formule, « une invention digne de Palamède » était passée en proverbe (Aristophane, *Grenouilles*, 1451 ; *Thesmophories*, 769-775).

4. Peut-être le général qui donne son nom à un dialogue de Platon ; il y a aussi un Lachès dans Lucien (*Timon*, 58).

5. Peut-être le personnage mentionné par Démosthène (*Contre Stéphanos*, I, 64).

6. Les Étéoboutades, membres d'une des plus grandes familles d'Athènes, descendaient du héros Boutès ; c'est dans leur famille qu'on choisissait la prêtresse d'Athéna Polias.

7. Temple des filles de Léos : il se trouvait dans le Céramique, près de la Stoa Poikilè et de l'entrée de l'Agora, endroits particulièrement mal famés, où demeuraient de nombreuses hétaïres.

8. Peut-être de Mendès, en Égypte, mais il s'agit plus vraisemblablement de la ville de Mendè, en Chalcidique, dont le vin était réputé.

9. Les insultes, verbales ou physiques, que devaient essuyer les parasites faisaient partie de leur condition. C'est un thème fréquent dans la comédie. Voir notamment Plaute, *Les Captifs*, 88-90 : « Si un parasite craint les soufflets ou d'avoir les pots et les plats brisés sur la tête, il doit renoncer à sa profession et aller mendier. »

10. La mention de ces lieux se retrouve dans la lettre IV, 14. Le gattilier, ou *agnus castus*, était censé calmer l'appétit sexuel (voir M. Detienne, *Les jardins d'Adonis*, Paris, 1972, p. 153-154).

11. Voir lettre II, 22 et la note 27.

12. Dème côtier au sud du mont Hymette.

13. Voir lettre II, 2 et la note 3.

14. Gymnase au pied du Lycabette, fréquenté par ceux qui n'étaient pas de pur sang attique.

15. Établissement de bains au Pirée.

16. Smicrinès est un nom traditionnel de vieillard de comédie (voir notamment le *Bouclier* de Ménandre). C'est peut-être le pédagogue de Chariclès ou, plus vraisemblablement, à cause des pouvoirs dont il semble disposer, son père.

17. Le narrateur de la lettre II, 38 porte aussi ce nom. Peut-être est-ce un nom « de caractère », bien adapté à un membre de l'Aréopage, mais les textes de Démosthène (*Contre Boiôtos,* II, 33) et d'Eschine (*Contre Timarque*, 40) font allusion à un médecin nommé Euthydicos.

18. Ville d'Achaïe. Plutarque se réfère aussi à cette expression proverbiale (*Propos de table*, V, 7) qui vient d'une réponse de l'oracle de Delphes aux Mégariens venus demander quel était le peuple le plus brave de la Grèce : ils espéraient être nommés, mais l'oracle répondit qu'ils n'occupaient ni la troisième, ni la quatrième place, ni même la douzième, et qu'ils ne comptaient pas du tout.

19. Ce parasite a déjà été mentionné dans la lettre II, 2. Athénée en parle à plusieurs reprises (VI, 244-5 ; XIII, 591).

20. Philosophe surnommé « l'ouvreur de portes », parce que, selon Diogène Laërce, il entrait partout hardiment et prenait la parole sans se gêner. Apulée (*Florides*, XXII) dit qu'il était honoré comme une sorte de génie domestique par les Athéniens de son temps ; jamais aucune demeure ne lui était fermée.

21. Les sorcières de Thessalie étaient particulièrement réputées.

22. On roulait cette pâte dans ses mains pour les nettoyer après manger, puis on la jetait aux chiens.

23. Chaîne de montagne de Mégaride.

24. Troisième jour des Apatouries : à cette date, les enfants nés dans l'année étaient introduits dans la phratrie de leur père.

25. Voir lettre II, 15 et la note 17.

26. Les Molosses étaient d'énormes chiens grecs employés pour monter la garde ; les chiens de Crète étaient réputés pour leur vitesse (Voir Sénèque, *Phèdre*, 32-35).

27. Allusion au sort d'Actéon.

28. Ce proverbe se trouve aussi chez Lucien (*Contre un ignorant*, 25) : un chien qui a une fois appris à mordre le cuir ne cessera jamais. Voir aussi Horace (*Satires*, II, 5, 83) à propos d'un chien que rien ne peut arracher à un morceau de cuir trempé d'huile. Il est cité par Érasme dans les *Adages* (1322).

29. Au sud-ouest de Corinthe.

30. *Ceux qui vont en procession.* Cette pièce ne nous est pas parvenue.

31. Ville d'Arcadie.

32. Ce démon, comme le *Genius* latin, est une divinité particulière à chaque homme, qui veille sur lui dès sa naissance et partage toute sa destinée.

33. Fontaine d'Athènes (= « aux neuf sources »).

34. Ville de Béotie.

35. Porte d'Athènes qui séparait le quartier urbain du Céramique de la nécropole du même nom.

36. Ce mois correspond à la fin de notre mois d'octobre et au début de novembre.

37. L'Eurotas coule à Sparte, Lerne est un marais en Argolide (où vivait l'hydre mythique), la source Pirène se trouve au pied de la citadelle de Corinthe. Le parasite a donc visité Sparte, Argos et Corinthe.

38. Fontaine d'Athènes appelée aussi Ennéacrounos (voir note 33).

39. Littéralement : en dansant les ascolies (danse rituelle en l'honneur de Dionysos, durant laquelle on sautait à cloche-pied sur des outres).

40. Escarpement d'où l'on précipitait les criminels.

41. Cariôn : nom d'esclave fréquent dans la comédie (voir notamment Aristophane, *Ploutos*, et Ménandre, l'*Arbitrage*). C'est souvent le cuisinier.

42. Voir lettre I, 3 et la note 8.

43. Artémis Orthia, sur l'autel de laquelle on fustigeait les jeunes Spartiates pour éprouver leur endurance.

44. Sur cette lettre célèbre et ses ressemblances avec le texte de Lucien, *Le Banquet ou les Lapithes*, voir entre autres M. Pinto, *art. cit.* ; J. Schwartz, *art. cit.* ; L. Santini, *art. cit.*.

45. Le philosophe est le rival du parasite comme il l'est de l'hétaïre (voir la lettre 7 du livre IV).

46. On peut comparer ce portrait avec celui que donne Plutarque de Didyme le Cynique, surnommé Planétiade, qui bondit, en frappant le sol de son bâton et en criant « iou ! iou ! » (*Sur la disparition des oracles*, 413, a-d) et avec le *Dialogue des Morts* de Lucien, 11 (21) où Diogène parle du beau bâton d'Antisthène dont il aurait aimé hériter, ainsi que de sa propre besace qui contient deux mesures de lupins. Voir aussi le *Banquet ou les Lapithes,* 11, où le cynique Alkidamas arrive en retard, comme notre personnage. Le bâton et la besace font partie de l'équipement traditionnel du Cynique, mais ils sont décorés ici comme des objets de luxe. Les clous d'airain font penser aux clous d'or qui ornent le sceptre d'Achille (on retrouve le participe homérique, *péparménos*). Malgré son affectation d'austérité, le Cynique n'a pas renoncé à l'élégance.

47. Poème didactique qui contenait l'essentiel des enseignements de Pythagore. Ce texte sacré ne doit naturellement pas être fredonné sur l'air d'une chanson à boire.

48. Chez Lucien (*Banquet*, 46), le cynique Alkidamas s'en prend à la joueuse d'*aulos*.

49. Expression proverbiale employée par Démosthène, dans *l'Ambassade* (225 et surtout 314) pour décrire une démarche hautaine.

50. *Odyssée*, XV, 378.

51. Les saturnales.

52. Chaussures légères imaginées par Iphicratès, général athénien, pour les mercenaires. Ce nom figure dans la liste de chaussures donnée par Pollux, *Onomasticon*, VII, 89 (éd. Berthe).

53. Il s'agit peut-être du monument funèbre de Narcisse d'Érétrie.

54. Voir *Iliade,* V, 749.

55. L'aigle et le vautour sont deux oiseaux au symbolisme antithétique (voir M. Detienne, *op. cit.*, p. 47 *sq.*).

56. Faubourg de Corinthe.

57. Ville de Macédoine. Le nom désigne aussi un lac qui en est très proche et d'où l'on extrayait un nitre destiné à la préparation

du savon. Voir Pline l'Ancien, *Histoires naturelles*, XXXI, 107 et 115.

58. C'est-à-dire membre de la grande famille des Alcméonides.

59. Marché aux esclaves (voir la lettre 36 du livre II). Tout ce passage reprend, de manière parodique, les développements des orateurs sur la naissance de leur adversaire (notamment les discours *Sur l'Ambassade* de Démosthène et d'Eschine).

60. L'Empousa était une figure spectrale envoyée par Hécate, capable de prendre les formes les plus diverses (Aristophane, *Grenouilles*, 288-305). La phrase est une citation de Démosthène, *Couronne*, 130.

61. Un traitement analogue est évoqué par Lucien, *Sur la mort de Pérégrinos*, 9. Voir aussi Aristophane, *Ploutos*, 168.

62. Plutarque (*Comment lire les poètes*, 27 c) parle de Poliagros comme d'un proxénète de comédie.

63. Littéralement, les femmes des Lestrygons, géants anthropophages (voir *Odyssée*, X, 80-132).

64. Le thème de l'exposition des nouveau-nés et celui des signes de reconnaissance est un ressort dramatique important dans la comédie et le roman.

65. Citation de Théocrite, *Idylle* VII, 82.

66. Les miroirs de Brindes étaient réputés (Pline l'Ancien, *Histoires naturelles*, XXXIII, 9, 45).

67. Voir lettre I, 13 et la note 35, lettre II, 36 et la note 47.

68. C'est-à-dire être canéphore. La canéphore est une jeune fille qui porte les objets du culte dans une corbeille, lors d'une procession.

69. Ville de Thessalie où demeurait l'athlète Scopas à la louange duquel le poète Simonide avait consacré une pièce de vers. Trouvant peu à dire sur lui, il fit surtout un éloge des Dioscures. Scopas ne paya que la moitié de la somme convenue, disant que c'était aux Dioscures de payer le reste. Aussitôt, on avertit Simonide que deux jeunes gens voulaient lui parler ; il sortit, mais dans la rue il n'y avait personne. Pendant qu'il était dehors, la maison s'écroula sur les convives (Cicéron, *De oratore*, II, 86, 352-353).

70. Fontaine consacrée à Déméter.

71. Un épisode analogue est rapporté par Achille Tatius, dans le *Roman de Leucippé et Clitophon*, VIII, 11-14.

72. Ténédos est une île de la mer Égée sur laquelle aurait échoué un certain Tennès, qui avait été accusé à tort de séduction par sa belle-mère ; devenu roi de l'île, il y instaura un système de justice expéditive, châtiant immédiatement quiconque porterait une accu-

sation mensongère. Voir le *Corpus Parœmiographorum Græcorum*, t. 2, p. 664 et Érasme, *Adages*, 829, 3006-7. On ne sait pourquoi il est question ici d'un tesson, alors qu'à Ténédos, la justice était rendue avec une hache, mais le sens général est clair : le parasite déclare qu'il ne craint pas d'être condamné pour fausse accusation, fût-ce par le plus sévère des tribunaux.

73. Voir lettre II, 23 et note 29.

74. Ces rochers se trouvaient sur la côte de Mégare. Ils abritèrent le brigand légendaire Skiron, qui fut tué par Thésée (Plutarque, *Thésée*, 10 ; Pausanias, I, 44, 8).

75. Ce nom signifie « qui fait étalage de mots. » C'est le titre d'un ouvrage de Lucien.

76. Allusion aux scandales qui entourèrent le départ d'Alcibiade pour l'expédition de Sicile, en 415.

77. Voir lettre III, 16 et la note 40.

78. Hermès psychopompe, qui conduit les âmes des morts.

79. Vin de Syrie.

80. Tyran de Syracuse, vainqueur des Carthaginois en 480 av. J.-C.

81. Législateurs d'Athènes ; la sévérité de Dracon était proverbiale.

82. *Iliade,* III, 365 ; *Odyssée,* XX, 201.

Livre IV. Lettres d'hétaïres

1. Phrynè de Thespies, célèbre hétaïre du quatrième siècle, fut l'amante du sculpteur Praxitèle. Pline l'Ancien (*Histoires naturelles*, XXXIV, 70) raconte que Praxitèle sculpta une statue qui la représentait triomphante, à côté d'une matrone en larmes. Plutarque (*Sur les oracles,* 401, a-e) précise qu'une statue de Phrynè se trouvait à Delphes au milieu de généraux et de rois ; il rappelle qu'elle s'appelait Mnèsarétè et qu'elle fut surnommée Phrynè (= crapaud) à cause de son teint jaune.

2. L'hétaïre Glycéra reparaît dans les lettres 18 et 19, toujours en relation avec Ménandre. La question de savoir si le personnage est historique ou fictif a suscité une abondante littérature. Voir, entre autres, A. Körte, « Glycera und Menander » *Hermès,* 54, 1919, p. 87-93 ; M. A. Schepers, « De Glycera Menandri amoribus », *Mnemosyne*, 54, 1926, p. 258-262 ; J.-J. Bungarten, *Menander und Glykeras Brief bei Alkiphron*, diss. Bonn, 1967.

3. L'hétaïre Bacchis reparaît dans les lettres 3, 4, 5, 11, 14. C'est le type de la courtisane au grand cœur, comme l'Habrotonon de *L'Arbitrage*, la Chrysis de *La Samienne* chez Ménandre, la Bacchis de *L'Hécyre* chez Térence. Fidèle, préférant son amant à toutes les richesses, au point de s'attirer les sarcasmes de ses amies, elle a un caractère bien supérieur au métier qu'elle exerce : « c'est un mauvais génie qui l'a poussée à faire le triste choix de cette condition ». À plusieurs reprises, elle s'exprime au nom des hétaïres réunies et Ménécleidès la surnomme « avocate de la cause des hétaïres ». À sa mort, il lui consacre une longue lamentation.

4. Célébrés tous les deux ans sur l'isthme de Corinthe en l'honneur de Poséidon.

5. Le texte parle d'*hétairia*, hétairie, littéralement le compagnonnage, la solidarité entre hétaïres.

6. Personnages de la Comédie nouvelle : Chrémès apparaît dans *l'Andrienne* et *l'Héautontimourouménos* de Térence ; pour Pheidylos, voir Philippide, fragment 6 (Th. Kock, *Comicorum Atticorum Fragmenta*, III, p. 303).

7. Orateur athénien du quatrième siècle. Sur sa défense de Phrynè, voir Athénée, XIII, 590-591 et pseudo-Plutarque, *Vie d'Hypéride*, 849.

8. Le nom est celui d'un personnage des *Thesmophories*, mais notre Myrrhinè est bien réelle : Athénée (XIII, 590, c-d) évoque sa liaison avec Hypéride.

9. Ce motif a été rapproché d'un épisode d'Aristophane (*Acharniens*, 918-919) : un sycophante dénonce un marchand thébain en train de vendre une lampe car il prétend que la mèche, introduite en fraude d'un pays ennemi, pourrait incendier l'arsenal. Lucien met des menaces analogues dans la bouche de Déméas qui vient d'être rossé par Timon (*Timon*, 52-53).

10. Plutarque (*Alexandre*, 38) parle d'une hétaïre athénienne nommée Thaïs qui fut la maîtresse de Ptolémée et plut à Alexandre.

11. Elle est l'objet de la jalousie de Myrrhinè dans la lettre IV, 10.

12. Allusion sans doute à quelque amant que les hétaïres se sont disputé.

13. Voir lettre II, 37 et la note 51.

14. Formule destinée à détourner l'éventuelle colère de Némésis qui châtie toute arrogance.

15. Le nom a peut-être été inspiré par les *Mémorables* de Xénophon (I, 2, 29) ou par le dialogue de Platon qui porte ce nom.

16. On trouve une caricature semblable chez Lucien (*Nigrinos,* 1) : « Tu ne fais plus attention à nous, tu ne te joins plus à nous ni à nos conversations, tu as changé d'un seul coup, tu imites celui qui hausse les sourcils. »

17. Cette phrase est volontairement ambiguë : elle peut être à la fois attribuée au sophiste qui met en garde les jeunes gens contre les hétaïres, et à Thaïs qui invite Euthydème à se méfier du sophiste.

18. Chez Athénée (XIII, 584), Glycéra déclare au philosophe Stilpon : « Nous sommes sous le coup de la même accusation ; les gens disent que tu corromps ceux qui te fréquentent en leur enseignant des sophismes inutiles et séduisants, et moi c'est la même chose : il n'y a aucune différence... entre partager la vie d'un philosophe et celle d'une hétaïre. »

19. Compagne de Périclès ; Plutarque *(Périclès,* 24) évoque sa culture, son intelligence politique et la tendresse qu'elle inspirait à Périclès.

20. Cousin de Platon, il fut un des Trente tyrans.

21. Dème sur la côte est de l'Attique.

22. Les mines du Laurion.

23. Laines réputées pour leur finesse et pour les couleurs avec lesquelles on les teignait.

24. On peut rapprocher ce passage du *Dialogue des hétaïres* de Lucien. Dans le dialogue 7, la mère de l'hétaïre Mousarion conseille à sa fille de pousser son jeune amant à circonvenir son père et à attendrir sa mère ; dans le dialogue 12, Ioessa rappelle à Lysias qu'à la différence des autres hétaïres, elle ne l'a pas obligé à voler son père et sa mère. Toute la lettre a été rapprochée du début du *Truculentus* de Plaute (50 *sq.*)

25. Les fêtes d'Adonis, introduites d'Orient, avaient lieu au milieu de l'été.

26. Dans la lettre IV, 7, il est dit d'Herpyllis que c'est la petite servante de Mégara. Or la lettre IV, 6 a opposé les amies Thaïs et Thessalè à leurs rivales, Mégara et Euxippè. Herpyllis apparaît dans cette lettre comme proche de Myrrhinè qui déteste Thessalè : le jeu entre les personnages reste, jusque dans les plus petits détails, très cohérent.

27. Le mot grec est *hétairoi* , il y a un jeu avec *hétaira* (hétaïre).

28. Ceinture brodée d'Aphrodite qu'Héra lui réclame pour séduire Zeus (*Iliade*, XIV, 214 *sq.*).

29. Les figues ont souvent un sens sexuel, par exemple chez Aristophane, *Paix*, 1350. (Voir J.-L. Hennig, *Dictionnaire litté-*

raire et érotique des fruits et des légumes, Paris, 1994, p. 200-207).

30. Ce décor rappelle l'antre des Nymphes devant lequel se déroule l'action du *Dyscolos*.

31. Il s'agit sans doute d'un Pan ithyphallique.

32. Littéralement : des poules élevées à l'intérieur (qu'on empêche de courir, pour qu'elles soient bien grasses).

33. C'est-à-dire la proportion du mélange entre le vin pur et l'eau ; en général, le symposiarque la déterminait ainsi que la taille des coupes, au début du *symposion*.

34. Au lieu d'offrir une grande quantité à chaque fois, on fait passer les coupes plus fréquemment.

35. Ce personnage est déjà présent dans la lettre I, 15.

36. Les pommes sont traditionnellement des symboles d'amour ; mais il s'agit peut-être ici des seins de l'hétaïre qu'elle montre à sa compagne. Aristénète parle (lettre II, 7) des « pommes encore vertes » d'une poitrine.

37. Sur le symbolisme de la laitue, voir M. Detienne, *Les Jardins d'Adonis*, Paris, 1972, p. 229.

38. Tout au long du livre, Mégara est systématiquement opposée à Bacchis : c'est la prostituée infâme, qui ricane méchamment avec ses amies et dépouille ses amants.

39. Il s'agit probablement des Grandes Dionysies (en février-mars).

40. Avoir un bâton en bois de figuier signifie avoir une chose qui ne sert à rien : à la différence de l'olivier, le figuier est un bois souple, sur lequel on ne peut trouver un solide appui. Voir le *Corpus Parœmiographorum Græcorum*,, t. 2, p. 210-11. On ne sait qui est Philon.

41. Voir lettre III, 5 et la note 10.

42. Dème dans le sud d'Athènes.

43. Une figurine représentant Adonis.

44. Pendant les fêtes d'Adonis, les femmes semaient des graines dans des pots en terre cuite qu'elles installaient sur les terrasses des maisons : on les nommait les « jardins d'Adonis ». Voir *La Samienne* , 72-80, et M. Detienne, *op. cit.*

45. Il s'agit de Démétrios Poliorcète (336-282) ; sa concubine Lamia est longuement évoquée par Plutarque qui décrit notamment (*Démétrios*, 27) le banquet somptueux dont il est question dans cette lettre. Sur les talents d'*aulètris* de Lamia, voir A. Bélis, *op. cit.*, p. 51-52.

46. Hétaïre célèbre dont le poète comique Diphile fut éperdument amoureux ; voir Athénée, XIII, 578.

47. Tout ce développement, dont l'origine est peut-être l'image des plumes de l'âme ailée dans le *Phèdre* de Platon, a été repris presque textuellement par Aristénète dans ses *Lettres d'amour* (II, 1).

48. La comparaison des Spartiates avec des renards pour flétrir leur lâcheté est proverbiale depuis Aristophane, *Paix*, 1189-1190 : « lions au logis, renards au combats ». (Une scolie de ces deux vers fait référence à la lettre d'Alciphron). Lysandre aurait déclaré (Plutarque, *Lysandre*, 7) : « là où la peau du lion ne peut atteindre, on y attachera celle du renard ». Voir aussi le *Corpus Paroemiographorum Graecorum*, t. 1, p. 101 et Élien (*Histoires diverses* XIII, 8-9) qui cite un mot de Lamia, très proche de notre texte : « les lions sont devenus des renards à Éphèse. ». Chez Élien, la formule vise Lysandre qui, lorsqu'il séjournait en Ionie, rejetait les lois de Lycurgue qu'il jugeait trop sévères.

49. Léontion nous est connue par Diogène Laërce (X, 5-7) et Athénée (XIII, 593). Cicéron note à son propos (*De Natura deorum* I, 33 93) : « La petite gagneuse (*meretricula*) Léontium osa écrire contre Théophraste, en une langue pure et attique, mais quand même ! Tant il y eut de licence dans le jardin d'Épicure ! »

50. Le jardin d'Épicure a donné son nom à l'école épicurienne ; il se trouvait près du Dipylon.

51. Léontion mêle trois titres d'Épicure : *De la Nature*, *Opinions principales, Règle (Canon).*

52. Reprise ironique des principaux éléments de la morale épicurienne : fidélité à la Nature, affranchissement des passions.

53. Jeune homme qu'aimait Épicure (Diogène Laërce, X, 5).

54. Littéralement son hétairie (jeu de mot avec hétaïre).

55. Élèves d'Épicure ; Hermarchos lui succéda à la tête de l'école.

56. Ptolémée Sôter. Cette invitation est rapportée par Pline (*Histoires naturelles*, VII, 30 111) : « Ménandre le poète comique obtint de grandes marques d'honneur des rois d'Égypte et de Macédoine qui lui envoyèrent une flotte et chargèrent des ambassadeurs de l'inviter, mais il s'honora davantage lui-même en préférant au faste de la cour le culte des lettres. »

57. Poète comique contemporain de Ménandre.

58. Les Olympiens (Zeus, Poséidon, Arès, Apollon, Hermès, Héphaïstos, Héra, Hestia, Athéna, Déméter, Artémis, Aphrodite) dont l'autel était sur l'Agora, au nord-est.

59. Célèbre potier de Corinthe.

60. Deuxième jour des Anthestéries : les Anthestéries duraient trois jours, à la fin de février ; c'étaient des fêtes dionysiaques qui marquaient la fin de l'hiver.

61. Voir lettre I, 4 et la note 11.

62. Emplacement sur l'Agora d'Athènes, délimité par une corde peinte de vermillon, où se réunissait l'assemblée du peuple.

63. Troisième jour des Anthestèries. Ce jour-là se déroulaient des jeux et des concours.

64. La formule peut s'appliquer à Déméter et Coré (dont les Mystères sont évoqués un peu plus bas) ou aux Euménides qui avaient un sanctuaire entre l'Acropole et l'Aréopage.

65. Entre Salamine et l'Attique.

66. Petite île près de Salamine.

67. Le Danube.

68. Ce nom est celui d'une rivière de Béotie, près de Chéronée, qui s'appela ensuite l'Haimôn. Mais il est peu vraisemblable que Ménandre fasse allusion à ce cours d'eau si proche. Il doit s'agir plutôt d'un fleuve de Cappadoce.

69. Fleuve d'Asie Mineure (aujourd'hui Kisil-Irmach).

70. En énumérant tous ces fleuves, Alciphron pense peut-être à la tradition rapportée par Ovide (*Contre Ibis*, 591) selon laquelle Ménandre serait mort noyé.

71. Allusions aux hymnes qui étaient chantés devant l'autel de Dionysos, au début des Dionysies.

72. « Celle qui donne de beaux enfants » : épithète de Déméter.

73. Expression proverbiale à rapprocher de la formule « un grand bœuf a marché sur ma langue » (Eschyle, *Agamemnon,* 36-37), employée par ceux qui jurent de garder le silence.

74. Allusion à la statue de Memnon qui « chantait » au lever du jour.

75. L'Égypte fournissait l'Attique en blé. Pour remercier Ménandre, ambassadeur de la culture athénienne, de venir dans son pays, Ptolémée pourrait en offrir à la cité.

76. Allusion implicite aux *Guêpes* d'Aristophane, notamment aux vers 1070-1090 où le chœur justifie son déguisement : « rien n'est plus viril qu'une guêpe attique ».

77. Apollon, père d'Ion, était considéré comme un ancêtre par les Athéniens.

78. Gomme résineuse semblable au benjoin.

79. Voir lettre I, 2 et la note 4.

80. Titres de pièces de Ménandre dont certaines sont perdues, et les autres (*L'Homme haï, L'Arbitrage* et *L'Homme de Sicyone*) nous sont parvenues sous forme de fragments.

81. Il s'agit peut-être de la *Périkeiroménè* (*la Fille tondue*) dont un des personnages se nomme Glycéra. Mais il y a une Glycéra dans le *Misogyne* et l'on a parfois pensé qu'il y avait eu une pièce intitulée *Glycéra.*

82. Titre d'une comédie de Ménandre dont nous avons gardé une trentaine de vers.

83. Célèbre hétaïre de Corinthe ; voir Aulu-Gelle, I, 8.

Bibliographie

I - Principales éditions et traductions :

– Marcus Musurus, *Épistolai diaphorôn philosophôn, rhètorôn, sophistôn, hex pros tois eikosi*, Venise, 1499, chez Alde Manuce.

– *Epistulae Graecanicae Mutuae*, Genève, 1606 (avec une traduction latine, attribuée à Cujas).

– S. Bergler, *Alciphronis rhetoris Epistolae*, Leipzig, 1715 (avec une traduction latine ; ouvrage réédité à Utrecht en 1791).

– *Lettres d'Aristénète auxquelles on a ajouté les lettres choisies d'Alciphron*, Londres, 1739 (A.-R. Lesage).

– *Lettres grecques par le rhéteur Alciphron, ou Anecdotes sur les mœurs et les usages de la Grèce, traduites pour la première fois en français, avec des notes historiques et critiques*, Amsterdam et Paris, 1784, 1785 (3 vol.), publié à nouveau à Paris, en 1793 sous le titre *Les courtisanes de la Grèce,* (Abbé J. Richard).

– J. A. Wagner, nouvelle édition avec une traduction latine, Leipzig, 1798, 2 vol.

– E. E. Seiler, nouvelle édition, avec une traduction latine, Leipzig, 1853, renouvelée en 1856.

– A. Meineke, nouvelle édition, Leipzig, 1853.

– R. Hercher, in *Epistolographi Graeci,* Paris, 1873, p. 44-97, avec une traduction latine.

– S. de Rouville, Paris, Rouquette, passage Choiseul, 1874.

– M. A. Schepers, *Alciphronis rhetoris epistularum libri IV* diss. Groningen, 1901, puis collection Teubner, Leipzig, 1905.

– A. R. Benner et F. H. Fobes, *The Letters of Alciphron, Aelian and Philostratus*, texte grec et traduction en anglais, Londres, Harvard University Press, 1949.

– E. Avezzù et O. Longo, *Lettere di parassiti e di cortigiane*, Venise, 1985, texte grec et traduction en italien des deux derniers livres.

– E. Ruiz Garcia, *Teofrasto, Caracteres* ; *Alcifrón Cartas de pescadores, campesinos, parásitos y cortesanas*, Madrid, 1988, traduction en espagnol.

– O. von Hansmann, *Hetärenbriefe des Alkiphron,* Frankfort,1989 (édition commune avec Philostrate).

II - Études :

– B. Baldwin, « The date of Alciphron », *Hermès*, 110, 1982, p. 253-4.

– A. Bélis, *Les Musiciens dans l'Antiquité*, Paris, 1999.

– A. Billault, *La Création romanesque dans la littérature grecque*, Paris, 1991.

– J. Bompaire, *Lucien écrivain, imitation et création*, Paris, 1958.

– G. W. Bowersock, *Greek Sophists in the roman empire*, Oxford, 1969.

– E. L. Bowie « Greeks and their past in the second sophistic », *Past and Present*, 46, 1970, p. 1-41.

– J.-J. Bungarten, *Menandros und Glykeras Brief bei Alkiphron*, Bonn, 1967.

– E. Capps, « *Misanthropoi* or *philanthropoi* », *Hesperia*, 11, 1942, p. 325-328.

– G. Carugno, « Sulla 34a epistola rustica d'Alcifrone », *Giornale Italiano di Filologia*, 3, 1950, p. 71-2.

– G. Carugno, « Alcifrone nei suoi rapporti con Longo e il mondo bucolico », *Giornale Italiano di Filologia*, 8, 1955, p. 153-9.

– G. Carugno, « La seconda epistola rustica di Alcifrone e il *Gallo* di Luciano », *Giornale Italiano di Filologia*, 9, 1956, p. 347-9.

– G. Carugno, « Intrighi familiari, inesperienza ed ignoranza dei contadini nelle *Epistole Rustiche* di Alcifrone », *Giornale Italiano di Filologia*, 13, 1960, p. 135-143.

– G. Carugno, « Riflessi comici in alcuni tipi di servi nelle « Epistole Rustiche » di Alcifrone », *Giornale Italiano di Filologia*, 16, 1963, p. 350-1.

– F. Conca, « Osservazioni intorno allo stile di Alcifrone, *Rivista di Filologia e di istruzione classica*, 102, 1974, p. 418-431.

– M. Detienne, *Les Jardins d'Adonis*, Paris, 1972.

– Fl. Dupont, *Le Plaisir et la loi, Du* Banquet *de Platon au* Satiricon, Paris,1977.

– I. Düring, *Chion of Heraclea, a novel in letters*, Göteborg, 1951.

– E. L. A. Leutsch et F. G. Schneidewin, *Corpus Paroemiographorum Graecorum*, t. 1 et 2, Göttingen, 1839 et 1851 (reprint 1958 et Hildesheim, 1965).

– C. N. Jackson, « An ancient Letter-Writer, Alciphron », *Harward essays on classical subjects*, Boston, 1912, p. 67-96.

– R. Kassel et C. Austin, *Poetae Comici Graeci*, Berlin, 1973.

– Th. Kock, *Comicorum Atticorum Fragmenta*, 3 vol., Leipzig, 1880-1888.

– A. Körte, *Menandriquae supersunt*, Leipzig, 1959 (2e éd.).

– Ph. E. Legrand, « Les dialogues des courtisanes comparés avec la comédie », *Revue des Études grecques*, 20, 1907, p. 176-231.

– R. Marache, *La critique littéraire de langue latine et le développement du goût archaïsant au IIe siècle de notre ère*, Rennes, 1952.

– H.-I. Marrou, *Histoire de l'éducation dans l'Antiquité*, Paris, 1948 (2e éd. 1965).

– M. Pagliardini et A. Chicco, « Sulla Theophoruménè di Menandro », *Atene e Roma*, 27, 1982, p. 112-123.

– B. E. Perry, *The ancient Romances*, Berkeley et Los Angeles, 1967.

– M. Pinto, « Echi Lucianei nelle epistole parassitiche di Alcifrone », *Vichiana*, 2, 1973, p. 261-268.

– L. Previale, « L'epistolario di Alcifrone », *Il Mondo Classico*, 1932, 2, p. 38-72.

– B. P. Reardon, *Courants littéraires grecs des IIe et IIIe siècles après J.-C.*, Paris, 1971

– C. Salles, *Les Bas-fonds de l'Antiquité,* Paris, 1982.

– L. Santini, « Tra filosofi e parassiti, l'epistola III, 19 di Alcifrone e i modelli lucianei », *Atene e Roma,* 40, 1995, p. 58-71.

– A. M. Scarcella, « Realtà e letteratura nel paesaggio sociale e economico del romanzo di Longo », *Maia,* 22, 1970, p. 104-131.

– W. Schmid, *Der Atticismus in seinen Hauptvertretern von Dionysios von Halikarnassos bis auf den zweiten Philostratos*, Stuttgart, 1887-1896.

– P. Schmitt Pantel, *La Cité au banquet, Histoire des repas publics dans les cités grecques,* Rome, 1992.

– J. Schwartz, « Onomastique des philosophes chez Lucien de Samosate et Alciphron », *Antiquité classique,* 51, 1982, p. 259-264.

– C. Sondag, *De nominibus apud Alciphronem propriis*, diss Bonn, 1905.

– M. L. Stirewalt, « The form and function of the greek letter essays », in *The Roman Debate*, Minneapolis, 1977.

– J. Sykustris, art. *Epistolographie*, 1931, Pauly-Wissowa supplément V, col 185-220.

– D. A. Tsirimbas, *Sprichwörter und sprichwörtliche Redensarten bei den Epistolographen der zweiten Sophistik, Alciphron, Cl. Aelianus*, Diss. Munich, 1936.

– J. Ureña, « La carta ficticia griega : los nombres de personajes y el uso del encabezamiento en Alcifrón,

Aristéneto y Teofilacto », *Emerita*, 61, 1993, p. 267-298.

– R.G. Ussher, « Love letter novel, Alciphron and Chion », *Hermathena*, 143, 1987, p. 99-106.

– J.-P. Vernant, *Mythe et société en Grèce ancienne*, Paris, 1974.

– P. Vidal-Naquet, « Flavius Arrien entre deux mondes », *Arrien, Histoire d'Alexandre*, Paris 1984, p. 311-394.

– J.-R. Vieillefond, « L'invention chez Alciphron », *Revue des Études grecques*, 92, 1979, p. 120-140.

Table des matières

LA ROUE À LIVRES

PARUS

ALCIPHRON
Lettres de pêcheurs, de paysans, de parasites et d'hétaïres

APPIEN
Les guerres civiles à Rome (Livre I. Marius et Sylla)
Les guerres civiles à Rome (Livre II. César et Pompée)
Les guerres civiles à Rome (Livre III. Antoine et Octave)

BÈDE LE VÉNÉRABLE
Histoire ecclésiastique du peuple anglais (Tome I. Conquête et conversion)
Histoire ecclésiastique du peuple anglais (Tome II. Miracles et missions)

BOÈCE
La consolation de philosophie

CALLISTHÈNE (Pseudo-)
Le roman d'Alexandre
La vie et les hauts faits d'Alexandre de Macédoine

JEAN CHRYSOSTOME ET JEAN DAMASCÈNE
Figure de l'évêque idéal : éloges de Mélèce

CICÉRON
De la divination
La nature des dieux

CTÉSIAS
Histoires de l'Orient

DENYS D'HALICARNASSE
Les origines de Rome
(Les Antiquités romaines. Livres I et II)

DIODORE DE SICILE
Naissance des dieux et des hommes (Bibliothèque historique. Livres I et II)
Mythologie des Grecs (Bibliothèque historique. Livre IV)

DION CASSIUS
Histoire romaine (Livres 40-41. César et Pompée)
Histoire romaine (Livres 57-59. Tibère et Caligula)

ÉLIEN
Histoire variée
La Personnalité des animaux (Tome I. Livres I à IX)
La Personnalité des animaux (Tome II. Livres X à XVII et index)

EUMATHIOS
Les amours homonymes

GALIEN
L'âme et ses passions

GEOFFROY DE MONMOUTH
Histoire des rois de Bretagne

GERVAIS DE TILBURY
Le livre des Merveilles. Divertissement pour un Empereur (3e partie)

HÉRODIEN
Histoire des empereurs romains de Marc Aurèle à Gordien III
(180 ap. J.-C. - 238 ap. J.-C.)

JAMBLIQUE
Vie de Pythagore

JORDANÈS
Histoire des Goths

LE POGGE
Un vieux doit-il se marier ?

LES JUIFS PRÉSENTÉS AUX CHRÉTIENS
Textes de Léon de Modène et de Richard Simon

LETTRES POUR TOUTES CIRCONSTANCES
Les traités épistolaires du Pseudo-Libanios et du Pseudo-Démétrios de Phalère

MACROBE
Les Saturnales (Livres I-III)

JEAN DE MANDEVILLE
Voyage autour de la Terre

LE NOUVEAU MONDE
Récits de Amerigo Vespucci, Christophe Colomb, Pierre Martyr d'Anghiera

OVIDE
Les fastes

PHILOSTRATE
La galerie de tableaux

PROCOPE DE CÉSARÉE
Histoire secrète
Guerre contre les Vandales (Guerres de Justinien, Livres III et IV)

LE ROMAN D'YSENGRIN

LORENZO VALLA
La donation de Constantin

Documents

Chroniques mésopotamiennes

Les cités de l'Occident romain

Éloges grecs de Rome

Inscriptions historiques grecques

Récits inédits sur la guerre de Troie

JEAN GOBI
Dialogue avec un fantôme

LIBANIOS
Lettres aux hommes de son temps

Ce volume,
le trente-huitième
de la collection « La Roue à Livres »
publié aux Éditions Les Belles Lettres,
a été achevé d'imprimer
en septembre 2004
sur presse rotative numérique
de Jouve
11, bd de Sébastopol, 75001 Paris

N° d'édition : 6127 – N° d'impression : 358877F.
Dépôt légal : octobre 2004.

Imprimé en France